V&R

Baseis

In 16 Schritten zum Graecum

Nach einem Konzept von
Manfred Hänisch

2., korrigierte Auflage

Vandenhoeck & Ruprecht

Bearbeitet von Andrea Harbach, Burkhard Reis und Thomas Ihnken
Illustrationen: Katrin Wolff
Redaktion: Martina Steinkühler

Mit 16 Abbildungen

Bibliografische Information der Deutschen Nationalbibliothek

Die Deutsche Nationalbibliothek verzeichnet diese Publikation in der
Deutschen Nationalbibliografie; detaillierte bibliografische Daten sind
im Internet über http://dnb.d-nb.de abrufbar.

ISBN 978-3-525-26541-3

© 2012, Vandenhoeck & Ruprecht GmbH & Co. KG, Göttingen/
Vandenhoeck & Ruprecht LLC, Oakville, CT, U.S.A.
www.v-r.de
Alle Rechte vorbehalten. Das Werk und seine Teile sind urheberrechtlich
geschützt. Jede Verwertung in anderen als den gesetzlich zugelassenen Fällen
bedarf der vorherigen schriftlichen Einwilligung des Verlages.
Printed in Germany.

Layout und Satz: textformart, Göttingen
Druck und Bindung: ⊕ Hubert & Co, Göttingen

Gedruckt auf alterungsbeständigem Papier.

Baseis – Sinn, Ziel, Methode

Sie brauchen Griechischkenntnisse – schnell, kompakt, ohne Ballast:

- Sie sind theologisch und philosophisch interessiert und wollen Schlüsseltexte in der Ursprache kennen lernen – das Neue Testament, Xenophon, Platon u. a.
- Ihr Latinum liegt schon zurück – oder muss noch erworben werden.

Für diese Bedürfnisse ist der Kurs „Baseis" maßgeschneidert:

- Sie lernen von Anfang an mit inhaltlich wichtigen Texten.

> **Sokrates** als die wohl auffälligste Gestalt der griechischen Antike und Jesus als Zentrum des Neuen Testaments – ihrer beider Lehren und Leben, ihr Prozess und ihr Tod stehen im Mittelpunkt der Textauswahl. Ab Schritt 11 lesen Sie selbstständig Platons **Apologie**.

- Latein wird nicht vorausgesetzt; grammatische Fachsprache kaum.
- Sie entdecken und verstehen sprachliche Phänomene in ihrem Kontext und üben sie kreativ und selbstbestimmt ein.
- Sie lernen nur so viel Grammatik und Syntax, wie Sie zum Erwerb Ihrer Übersetzungskompetenz benötigen.
- Sie finden Texte, die Sie passgenau auf die Abschlussklausur vorbereiten.

Der Kurs versteht sich als Leitfaden zum Spracherwerb. Er funktioniert in Verbindung mit einer **Schulgrammatik** und einem **Lexikon** (Ihrer Wahl). Beide sind in allen Schritten Ihr unverzichtbares Handwerkszeug. Sie führen eine Vokabel- und Stammformdatei, evtl. ein eigenes Grammatikheft.

Sie folgen den Schritten

Pro Doppelseite ist links das Pensum präsentiert. Sie erschließen es – im Kurs, mit einem Partner oder allein. Rechts finden Sie Texte und Übungen, an denen Sie Ihre Kenntnisse erproben. Sie gehen erst weiter, wenn Sie Sicherheit gewonnen haben.
Lern- und Übersetzungstipps unterstützen den zielgerichteten Erwerb von Sprach- und Übersetzungskompetenz; mithilfe der **Checklisten** (S. 107 ff.) wissen Sie von Anfang an, wohin Sie wollen, und kontrollieren jederzeit selbst, wo Sie stehen.

Sie berücksichtigen

Griechisch ist komplex – auch die Texte, die Ihnen von vornherein zugemutet werden. Gewöhnen Sie sich daran, vieles vorerst hinzunehmen, ohne es schon zu verstehen. Auch in der Muttersprache hören und verwenden Sie viele grammatische Phänomene, ohne dass Sie sie erklären könnten. Verstehen müssen Sie immer nur das, was dran ist – alles andere kommt später. **Nach dem Kurs** freilich werden Sie alle Texte übersetzen und analysieren können. **Dann** werden Sie fit für das Graecum sein.

Baseis – Die Schritte im Überblick

Seite

07	Schritt 1	Lesen und schreiben
17	Schritt 2	Deklinieren und konjugieren
27	Schritt 3	Berichten und erzählen
37	Schritt 4	Sich unterhalten
47	Schritt 5	Handeln und behandelt werden
57	Schritt 6	Sich beziehen
67	Schritt 7	Spekulieren und verorten
77	Schritt 8	Voraussagen und planen
87	Schritt 9	Verdoppeln und versiegeln
97	Schritt 10	Wünschen und annehmen

Lernstoff Verb	
Präsens	StF 1
Aorist	StF 3
Imperativ	
Aktiv, Medium, Passiv	
Partizip	StF 6
Infinitiv	
Futur + Konjunktiv	StF 2 + 7
Perfekt + Plusqpf.	StF 4 + 5
Optativ	
StF = Stammform	

107	Schritt 1–10	Was Sie gelernt haben und können
110	Schritt 11–16	Was Sie lesen und neu lernen

111	Schritt 11	Sokrates tut Unrecht
121	Schritt 12	Ich weiß, dass ich nichts weiß
131	Schritt 13	Die Irrfahrten des Sokrates
141	Schritt 14	Antworte, Ankläger!
151	Schritt 15	Für euch!
161	Schritt 16	Eines von zweien ist der Tod

Lesestoff
Xenophon und Platon
Herodot
Homer: Anfang der Odyssee
Homer: Anfang der Ilias
Johannes-Evangelium
Pindar + Neugriechisch

171   FAQ: Das Graecum

Schritt 1: Lesen und schreiben

Sie können

- das griechische Alphabet aufsagen
- die griechischen Buchstaben lesen und schreiben
- Hauchzeichen und Betonungszeichen erkennen und sprechen

Sie deuten

- die Endungen von Namen und Nomen im Hinblick auf Geschlecht und Deklinationsklasse (a/o)

Sie kennen

- Personen- und Ortsnamen des Neuen Testaments und der Anabasis des Xenophon

---

Das Griechisch des **Neuen Testaments** (allgemein verbreitet = „Koiné") gilt als weniger schwer als das klassische; dies betrifft vor allem die ersten drei Evangelien und die Apostelgeschichte. Letztere, mit ihren vielen Ortsangaben, bietet einen guten Einstieg ins griechische Lesen: echt Griechisch, aber „ohne" Vokabeln und Grammatik.
Der klassische Autor **Xenophon** (430–350 v. Chr.) hat den Ruf, leichter als Platon zu sein. Seine **Anabasis**, eine „Abenteuergeschichte" um Kyros den Jüngeren, ist aktionsreich und daher zugänglicher als philosophische Reflexionen. Sie erleichtert den Einstieg – und auch hier finden sich viele griechische Namen …

THEORIE SCHRITT 1: LESEN UND SCHREIBEN

24 große Buchstaben	Namen
Α Β Γ Δ Ε	Alpha, Beta, Gamma, Delta, Epsilon
Ζ Η Θ	Zeta, Eta, Theta
Ι Κ Λ Μ Ν	Jota, Kappa, Lambda, My, Ny
Ξ	Xi
Ο Π Ρ Σ Τ Υ	Omikron, Pi, Rho, Sigma, Tau, Ypsilon
Φ Χ Ψ	Phi, Chi, Psi
Ω	Omega

24 kleine Buchstaben	Anmerkungen
α β γ δ ε	Für „c" steht ein g-lautender Buchstabe.
ζ η θ	Aussprache von ζ und θ wie „ds" und „th".
ι κ λ μ ν	Jota ist „i" und „j" zugleich.
ξ	Doppelkonsonant wie lateinisch „x".
ο π ρ σ/ς τ υ	Das kleine Sigma am Wortende sieht so aus: ς
φ χ ψ	Drei Doppelkonsonanten: Phi, Chi, Psi.
ω	Es „fehlen" also: h, q, u, v, w.

> **LERNTIPP**
>
> - Sie lernen das griechische Alphabet in den vorgestellten Buchstabengruppen. Damit lehnen Sie sich, soweit wie möglich, an die gewohnte Reihenfolge des lateinischen Alphabets an. Die Besonderheiten prägen sich ein.
>
> - Schreiben Sie die griechischen Buchstaben mehrfach ab. Die Großbuchstaben sind leichter. Sie haben Oberlängen. Die Kleinbuchstaben haben teils Ober-, teils Unterlängen, beides oder nichts. Vergleichen Sie diese Seite mit dem ersten Paragraphen Ihrer Grammatik (lesen Sie dort auch die Erklärungen zu den Besonderheiten.)
>
> - Sie schreiben verschiedene Großbuchstaben und setzen (ohne nachzuschauen) Kleinbuchstaben daneben. Vergleichen und korrigieren Sie genau.

Schreiben Sie Griechisch – links: mit **Großbuchstaben**; rechts: erster Buchstabe groß, alle anderen **klein** (Schluss-Sigma beachten!).

MARKOS

....

MARIA

....

PAULOS

....

KORINNA

....

CHRISTOS

....

THEOS

....

Wo stecken **griechische Namen**? Markieren Sie sie mit einem Textmarker.

ΑΒΓΜΑΡΚΟΣΔΕΜΑΡΙΑΖΗΘΧΡΙΣΤΟΣΙΚΛΛΥΔΙΑΜ
ΝΠΑΥΛΟΣΞΞΕΡΞΗΣΟΠΠΕΤΡΟΣΡΣΤΚΥΡΟΣΥΦΧΨ
ΑΒΓΦΡΥΓΙΑΔΕΙΕΡΟΥΣΑΛΗΜΖΗΘΣΑΜΑΡΕΙΑΙΚΛ
ΜΝΙΟΥΔΑΙΑΟΠΡΩΜΑΙΟΣΡΣΤΑΒΒΑΥΦΙΛΙΠΠΟΣΩ

Markieren Sie bei den gefundenen **8 + 6 Namen** die Abweichungen von der gewohnten (lateinischen) Schreibweise.

THEORIE   SCHRITT 1: LESEN UND SCHREIBEN

Deutsche Vokale – lang und kurz

Langes und kurzes „a"	Maß, Tal, kahl, Hase, Saat	–	nass, man, hallo, satt
Langes und kurzes „e"	Meer, Seele, Kehle, Weg	–	weg, hell, besser
Langes und kurzes „i"	Tier, viel, mies, ihn	–	Sinn, hin, Tim
Langes und kurzes „o"	Moos, Kloß, Boot, tot	–	voll, Tom, Gott, soll
Langes und kurzes „u"	Blume, Kuhle	–	Bulle, Butter
Langes und kurzes „ä"	träge, Bär, zählen	–	Männchen, grässlich
Langes und kurzes „ö"	böse, Größe, Röslein	–	köstlich, östlich
Langes und kurzes „ü"	Kühe, Tüte, kühl	–	küssen, Flüsschen

ai	Mais	ei	Eis	äu	Mäuschen
au	Maus	eu	Heu		

Griechische Vokale und Diphthonge – mit Augenmerk auf „e", „o", „u"

Langes und kurzes „a"	A, α		
Langes „e"	H, η	Kurzes „e"	E, ε
Langes und kurzes „i"	I, ι		
Langes „o"	Ω, ω	Kurzes „o"	O, o
Langes und kurzes „ü"	Y, υ		
Langes „u"	Oυ, oυ		
Noch ein langes „e" (sprich: „ej" wie engl. „made")	Eι, ει	Langes „ai" (sprich: „ei" wie „Eis")	Aι, αι
Langes „au"	Aυ, αυ	Langes „eu"	Eυ, ευ (Hυ, ηυ)
Noch ein langes „eu"	Oι, οι		

Jota subscriptum

Bisweilen tritt ein ι an ein α, ein η oder ein ω – da wird es **stumm** und klein: ᾳ, ῃ, ῳ (unterhalb geschriebenes „ι" = Jota subscriptum); Αι, Ηι, Ωι (daneben geschriebenes ι = Jota adscriptum).

LERNTIPP

- Je intensiver Sie lesen – laut oder leise –, desto rascher prägen sich die wenigen Unterschiede ein. Auf oυ („u") und υ („ü") sollte Ihr Augenmerk liegen.
- In der **Grammatik** finden Sie Erklärungen zu dem, was hier verkürzt dargestellt wurde.

SCHRITT 1: LESEN UND SCHREIBEN **PRAXIS**

Lesen Sie laut folgende Eigennamen. Stören Sie sich nicht an ungewohnten Endungen und Lautungen – sie klären sich später.

Μαρια, Μαγδαληνη, Σαλωμη, Ιωαννα, Σουσαννα
Παυλος, Τιμοθεος, Θεος, Ρωμαιοι, Ιησους, Χριστος
Ιερουσαλημ, Ιουδαια, Δερβη, Λυστρα, Φρυγια, Ασια, Μυσια, Μακεδονια,
Φιλιπποι, Λυδια
Κλεαρχος, Αριστιππος, Ξερξης, Κυρος, Αρταξερξης, Δαρειος, Τισσαφερνης
Αθηναι, Λακεδαιμων
Αθηναιοι, Λακεδαιμονιοι

Schreiben Sie die Namen in die **passenden*** Kästen:

Orte (Bibel)	Orte (Xenophon)

Namen, weiblich (Bibel)	Namen, männlich (Bibel)

Namen (Xenophon)	Bewohner von Orten (Xenophon)

* Pro Reihe *eine* Zuordnung; was nicht Bibel ist, ist Xenophon! Konsultieren Sie bei den schwierigeren Namen Ihr **Lexikon** (Nachschlagen üben!).

Hauchen

Den Konsonanten „h" gibt es im Griechischen nicht. Es gibt aber behauchte und nicht behauchte Wortanfänge: Hauch oder nicht – das wird kenntlich durch den **Spiritus**:

ἩΡΩΙΔΗΣ, ὑπο, ἵππος (Pferd)
ἈΒΒΑ, ἀμην, ἄρωμα (Duftöl), εὐαγγελιον (Evangelium)

Häkchen, zum Wort offen	= **Spiritus asper**	= Das Wort beginnt mit „h".
Häkchen, zum Wort geschlossen	= **Spiritus lenis**	= Das Wort beginnt nicht mit „h".

Der Spiritus steht **vor** dem Großbuchstaben, **auf** dem Kleinbuchstaben, bei Doppelvokalen auf dem zweiten.

Abgesehen von den Vokalen wird regelmäßig der Doppelkonsonant Rho behaucht:

Ῥωμαιοι (Römer)   ῥις (Nase)   ῥυθμος (Rhythmus)

Betonen

Es gibt drei verschiedene Betonungszeichen (Akzente), die Auskunft über die Stimmführung im Wort geben. Ursprünglich ging es dabei um mehr als nur um das Betonen der gekennzeichneten Silbe – hier aber beschränken wir uns darauf.

Akzent steigend	= **Akut**	= Stimme heben	= Silbe betonen
Akzent fallend	= **Gravis**	= Stimme senken	= Silbe betonen
Akzent steigend + fallend	= **Zirkumflex**	= Stimme heben und senken	= Silbe betonen

Μαρία, Μαγδαληνή, Σαλώμη, Ἰωάννα, Σουσάννα
Παῦλος, Σιλᾶς, Τιμόθεος, Θεός, Ῥωμαῖοι, Ἰησοῦς, Χριστός

Lange und betonte Vokale tragen den Zirkumflex (oder Akut), kurze betonte Vokale immer den Akut. Der Akut verwandelt sich zum Gravis, wenn auf ein Wort mit Akut auf der letzten Silbe ein weiteres Wort folgt, ohne dass ein Satzzeichen dazwischen steht: Ὁ θεὸς ὁ ἐν τοῖς οὐρανοῖς (Gott im Himmel). Aber: Ὁ θεός, ὃς ἐν τοῖς οὐρανοῖς οἰκεῖ (Gott, der im Himmel wohnt).

> **LERNTIPP**
>
> - Die Grundbetonung eines Wortes muss beim Vokabellernen mitgelernt werden; zudem gibt es Betonungsregeln. Wo Sie sie brauchen (hier nicht!), werden Sie darauf hingewiesen. Sehen Sie aber dennoch zur Orientierung in Ihre **Grammatik**.

SCHRITT 1: LESEN UND SCHREIBEN **PRAXIS**

Die Wörter, die links mit dem Spiritus versehen wurden, bekommen auch Akzente.

Schlagen Sie im **Lexikon** nach, tragen Sie das Wort korrekt mit allen Sprechzeichen in die mittlere Spalte – ergänzen Sie rechts die deutsche Bedeutung.

ἩΡΩΙΔΗΣ – .... – ....

ὑπο – .... – ....

ἱππος – .... – ....

ἈΒΒΑ – .... – ....

ἀμην – .... – ....

ἀρωμα – .... – ....

εὐαγγελιον* – .... – ....

ῥις – .... – ....

ῥυθμος – .... – ....

* Doppel-γ wird beim Sprechen nasaliert: eua**ng**elion = Eva**ng**elium.

Lesen Sie laut – unter Beachtung aller Sprechzeichen.

Ἰησοῦς ... διώδευεν κατὰ πόλιν καὶ κώμην... εὐαγγελιζόμενος τὴν βασιλείαν τοῦ θεοῦ
καὶ οἱ δώδεκα σὺν αὐτῷ, καὶ γυναῖκές τινες ...
Μαρία ἡ καλουμένη Μαγδαληνή, ...
καὶ Ἰωάννα γυνὴ Χουζᾶ ἐπιτρόπου Ἡρῴδου
καὶ Σουσάννα καὶ ἕτεραι πολλαί ...

Aus: Lk 8,1–3

Schlagen Sie anschließend ein NT auf und erschließen Sie durch Vergleich:

τὴν βασιλείαν τοῦ θεοῦ	....
οἱ δώδεκα	....
Μαρία ἡ καλουμένη Μαγδαληνή	....
καὶ ἕτεραι πολλαί	....

Deklinationen

Namen werden – wie Nomen – verschiedenen Klassen zugeordnet, gemäß den Regeln, nach denen sie gebeugt – **dekliniert** – werden. Im Griechischen sind drei Deklinationen zu unterscheiden.

Die a-Deklination

Viele Frauennamen sowie die Namen von Städten, Gegenden und Ländern enden auf α oder η; das ist der „leichteste" Fall, die a-Deklination. Die meisten Wörter dieser Deklinationsklasse sind weiblich – **feminin**.

| Μαρί- α | Μαγδαλην- ή | Ἀσί- α | Μυσί- α | Μακεδονί- α |

Auch einige Männernamen gehören in die a-Deklination – sie sind **maskulin** und enden auf ης (Ἡρῴδης) oder ας (Ἀνδρέας).

Die o-Deklination

Viele Männernamen enden auf ος; dies ist die wichtigste Endung der o-Deklination. Diese Wörter sind männlich – **maskulin**.

| Παῦλ- ος | Τιμόθε- ος | Θε- ός | Im Plural: Ῥωμαῖ- οι ! |

Auch die Endung ον gehört in die o-Deklination; diese Wörter sind sächlich – **neutrum**.

εὐαγγέλι- ον

Die konsonantische Deklination

Λακεδαίμων (Sparta) endet weder auf α, η, ας, ης noch auf ος, ον; es gehört in die große, vielfältige Klasse der konsonantischen Deklination. Sie hat eine eigene Systematik und enthält eine Vielzahl von maskulinen, femininen und neutralen Wörtern.

LERNTIPP

- Beim Übersetzen ist es oft entscheidend zu wissen, zu welcher Deklinationsklasse ein Wort gehört. Gewöhnen Sie sich daher an diese Zuordnung. Machen Sie sich bei jedem Wort klar, welcher Deklination es angehört und ob es maskulin, feminin oder neutrum ist.

Ordnen Sie die unbekannten **Nomen** (Substantive, Adjektive) den drei Deklinationsklassen zu – tragen Sie sie entsprechend ein. (Was nicht a- oder o- ist, ist konsonantisch!)

a-Deklination	o-Deklination	kons. Deklination

λόγος εὐδαίμων θεός ἀρχή
οὐρανός πατήρ νεώτερος ἀπόστολος
γῆ παῖς πρεσβύτερος μήτηρ θάλασσα βασιλεία

Diese Wörter werden Ihnen in Texten begegnen. Schlagen Sie die folgenden im **Lexikon** nach. Dort finden Sie stets folgendes Muster, das unbedingt nachzuahmen ist: Nomen im Nominativ, Genitiv-Endung, Artikel (ὁ = maskulin, ἡ = feminin, τό = neutrum); Bedeutung. Schreiben Sie ab und lernen Sie:

θεός – Gen: .... – Artikel: .... – Bedeutung: ....

ἀρχή – Gen: .... – Artikel: .... – Bedeutung: ....

οὐρανός – Gen: .... – Artikel: .... – Bedeutung: ....

ἀπόστολος – Gen: .... – Artikel: .... – Bedeutung: ....

πατήρ – Gen: .... – Artikel: .... – Bedeutung: ....

παῖς – Gen: .... – Artikel: .... – Bedeutung: ....

μήτηρ – Gen: .... – Artikel: .... – Bedeutung: ....

EXAMEN — SCHRITT 1: LESEN UND SCHREIBEN

Unterstreichen Sie alle Namen im Text – rot für Personen, blau für Orte. Geben Sie am Rand die Deklinationsklasse an.

Κατήντησεν δὲ εἰς Δέρβην καὶ εἰς Λύστραν, ...

καὶ ἰδοὺ μαθητής τις ἦν ἐκεῖ ὀνόματι Τιμόθεος. ....

Τοῦτον ἠθέλησεν ὁ Παῦλος σὺν αὐτῷ ἐξελθεῖν. ....

Διῆλθον δὲ τὴν Φρυγίαν καὶ Γαλατικὴν χώραν ....

ἐν τῇ Ἀσίᾳ, ἐλθόντες δὲ κατὰ τὴν Μυσίαν ... .

Εὐθυδρομήσαμεν εἰς Σαμοθράκην, εἰς Φιλίππους. ....

Παῦλος καὶ Σιλᾶς προσευχόμενοι ὕμνουν τὸν θεόν ... .

ὅτι Ῥωμαῖοί εἰσιν ... εἰσῆλθον πρὸς τὴν Λυδίαν. ....

Zitate aus Apg 16,1–40

Unterstreichen Sie die Eigennamen im Text, schreiben Sie sie griechisch.

Die **Anabasis** des Atheners **Xenophon** berichtet vom Bruderzwist zwischen Artaxerxes und Kyros, dem jüngeren Bruder. Der Tod ihres Vaters Dareios II., 405 v. Chr., lässt den Streit voll ausbrechen, weil der Satrap Tissaphernes, persischer Oberherr auch über die ionischen Städte in Kleinasien, Kyros bei seinem älteren Bruder als gefährlichen Intriganten verleumdet. Die Mutter Parysatis hält zu ihrem jüngeren Sohn und hilft ihm, eine griechische Streitmacht aufzubauen. Mit ihr, so hofft Kyros, werde er seinen Bruder Artaxerxes vom Thron stürzen können. Die griechischen Oberkommandierenden, die, ausgestattet mit persischem Goldgeld, Söldner anwerben und als Heer trainieren, sind u. a. Klearch, Proxenos und Aristipp. Während des Peloponnesischen Krieges zwischen Athen und Sparta (Lakedaimon) um die Vormacht in Hellas, 431–404 v. Chr., mischten sich Kyros und Tissaphernes und andere, zu persischem Vorteil lavierend, ein.

Schritt 2: Deklinieren und konjugieren

Sie können

- Nomen deklinieren
- Attribute bilden
- kurze Sätze übersetzen

Sie deuten

- Endungen in Hinblick auf ihre Funktion im Satz

Sie kennen

- den Unterschied zwischen Nomen und Verben
- den bestimmten Artikel
- 13 Verben in der 1. Person – StF 1
- Ich bin-Worte Jesu

Neben dem ethischen Anspruch, den **Jesus** u. a. in der Bergpredigt zum Ausdruck bringt, steht der Heilsanspruch, der an seine Person gebunden ist: Heiland, Gottes Gesandter und Gottes Sohn. Seine Worte wurden ebenso auf Griechisch überliefert wie etwa 400 Jahre zuvor die des **Sokrates**.

THEORIE   SCHRITT 2: DEKLINIEREN UND KONJUGIEREN

Deklinieren

Namen und **Nomen** (Substantive und Adjektive) werden gebeugt gemäß der Funktion, die sie in einem Satz haben. Auf die Frage „wer oder was?" lautet die Antwort: der Mann, die Frau, das Kind. Auf die Frage „wessen?": des Mannes, der Frau, des Kindes. „Wem?": dem Mann, der Frau, dem Kind. „Wen oder was?": den Mann, die Frau, das Kind. Entsprechende Formen sind auch für den **Plural** zu bilden. Im Griechischen fragt man wie im Deutschen nach vier **Kasus*** (+ Vokativ):

Nominativ
Genitiv   … jeweils in 3 Genera   – maskulin, feminin, neutrum
Dativ   … jeweils in 2 Numeri*   – Singular und Plural
Akkusativ

                                                                                                                                                                * *vorerst*

Wie die Namen gehören alle griechischen Nomen den drei Deklinationsklassen o-/a-/**kons**onantisch an. Ihren Kasus zeigen sie durch sich regelmäßig ändernde **Endungen** an:

	a-Deklination f.			o-Deklination m. und n.		kons. Deklination m. /f. und n.	
Nom.	α	η	α	ος	ον	s. S. 20	
Gen.	ας	ης	ης	ου	ου	ος	ος
Dat.	ᾳ	ῃ	ῃ	ῳ	ῳ	ι	ι
Akk.	αν	ην	αν	ον	ον	α	s. S. 20
Plural:								
Nom.	αι	αι	αι	οι	α	ες	α
Gen.	ῶν	ῶν	ῶν	ων	ων	ων	ων
Dat.	αις	αις	αις	οις	οις	σι(ν)	σι(ν)
Akk.	ας	ας	ας	ους	α	ας	α

Das ist ein allgemeines Schema. Sehen Sie sich in Ihrer **Grammatik** Einzelheiten an, z. B. nach welchen Regeln in der a-Deklination α und η wechseln. Die Maskulina der a-Deklination werden später behandelt. Zur **kons**. **Dekl**ination: Erläuterungen auf S. 20.

LERNTIPP

- Der Dativ Singular hat stets ein ι in der Endung, bei α, η und ω subskribiert!
- Der Genitiv Plural der a-Deklination trägt stets den Zirkumflex.
- Im Neutrum sind Nominativ und Akkusativ immer gleich.
- Im Neutrum Plural enden Nominativ und Akkusativ stets auf α.

Lernen Sie die Endungen auswendig. Deklinieren Sie θεά (Göttin), ἀρχή (Anfang), λόγος (Wort), εὐαγγέλιον (Evangelium) sowie – konsonantisch – θήρ (Tier).

SCHRITT 2: DEKLINIEREN UND KONJUGIEREN — PRAXIS

Lesen Sie die beiden Texte laut: **Vom Baum und seinen Früchten** – einmal aus dem Lukas-, einmal aus dem Matthäusevangelium. Lesen Sie auch den deutschen Text. Suchen Sie die unten angegebenen Vokabeln im Text und notieren Sie Kasus und Numerus – wo der Kasus nicht eindeutig ist, notieren Sie beide Möglichkeiten mit Fragezeichen.

Ἕκαστον γὰρ δένδρον ....

ἐκ τοῦ ἰδίου καρποῦ γινώσκεται· ....

οὐ γὰρ ἐξ ἀκανθῶν συλλέγουσιν σῦκα, οὐδὲ ἐκ βάτου σταφυλὴν τρυγῶσιν.

Ὁ ἀγαθὸς ἄνθρωπος ....

ἐκ τοῦ ἀγαθοῦ θησαυροῦ ....

τῆς καρδίας προφέρει τὸ ἀγαθόν, ...

καὶ ὁ πονηρὸς ἐκ τοῦ πονηροῦ ....

προφέρει τὸ πονηρόν· ....

ἐκ γὰρ περισσεύματος καρδίας ....

λαλεῖ τὸ στόμα αὐτοῦ. ....

Lk 6,44f.

Οὕτως πᾶν δένδρον ἀγαθὸν ....

καρποὺς καλοὺς ποιεῖ, ...

τὸ δὲ σαπρὸν δένδρον ....

καρποὺς πονηροὺς ποιεῖ· ....

οὐ δύναται δένδρον ἀγαθὸν ....

καρποὺς πονηροὺς ποιεῖν, ...

οὐδὲ δένδρον σαπρὸν ....

καρποὺς καλοὺς ποιεῖν. ....

Mt 7,17f.

Liste der Nomen: Substantive und Adjektive – was wird bei Adjektiven angegeben?

δένδρον, ου, τό	Baum	ἕκαστος, η, ον	jeder
καρπός, οῦ, ὁ	Frucht	ἴδιος, α, ον	eigen
ἄνθρωπος, ου, ὁ	Mensch	ἀγαθός, ή, όν	gut
θησαυρός, οῦ, ὁ	Schatz	καλός, ή, όν	schön
καρδία, ας, ἡ	Herz	πονηρός, ά, όν	schlecht
στόμα, στόματος, τό	Mund	σαπρός, ά, όν	faul

Alle bis auf σαπρός, ά, όν (faul) lohnen das Lernen!

Adjektive deklinieren / KNG-Kongruenz

Adjektive können maskulin, feminin oder neutrum sein; Adjektive der o- und a-Deklination haben die Endungen ος, α/η oder ον und werden entsprechend dekliniert. Im **Lexikon** steht die maskuline Form mit der Ziffer 3 (für 3-endig); anfangs sollten Sie lieber alle drei Nominative ausschreiben.
Adjektive richten sich im Kasus, Numerus und Genus nach dem Substantiv, zu dem sie gehören: Man spricht vom **Beziehungswort** und von **KNG-Kongruenz**.

Konsonantisch deklinieren

Die konsonantische Deklination enthält **Stämme**, die nicht auf o oder a auslauten, sondern auf einen beliebigen Konsonanten. Im **Nom**inativ sind diese Stämme nach festen Regeln (→ **Grammatik**) so weit verändert, bis sie eine der Endungen ν, ρ, ς oder Vokal haben. Verkürzt dargestellt, geschieht dabei Folgendes (hilft zu verstehen, muss aber nicht aktiv beherrscht werden):

θηρ- (Tier)	Stamm endet auf ρ	– ist so geblieben:	θήρ
πατρ- (Vater)	Stamm endet auf ρ	– aber schwer sprechbar:	πατήρ
Ἑλλην- (Grieche)	Stamm endet auf ν	– kann bleiben:	Ἕλλην
στοματ- (Mund)	Stamm endet auf τ	– τ entfällt:	στόμα
παιδ- (Kind)	Stamm endet auf δ	– ς tritt hinzu, verdrängt das δ:	παῖς
φυλακ- (Wächter)	Stamm endet auf κ	– ς tritt hinzu, κ + ς = ξ:	φύλαξ
παντ- (jeder, all)	Stamm endet auf ντ	– ς hinzu, verschlingt ντ, dehnt das α:	πᾶς

Der Stamm, den Sie deklinieren können, ist erst im **Genitiv** klar erkennbar. Beispiel: πᾶς, παντ-ός, παντ-ί, πάντ-α; Pl. m.: πάντ-ες, πάντ-ων, πᾶ-σι(ν)*, πάντ-ας.

* *Das σ der Dativ-Plural-Endung verschlingt τ/δ/θ/ν/ντ; mit κ/γ/χ verschmilzt es zu ξ; mit π/β/φ verschmilzt es zu ψ.*

πᾶς, παντός 3 | jeder, alle

LERNTIPP

Es ist unerlässlich, bei jedem (konsonantischen) Nomen den Genitiv mitzulernen. Legen Sie eine **Lernwörterkartei** an. Alle Vokabeln in diesem Kurs, die nicht ausdrücklich ausgenommen sind, sind Lernvokabeln. Es empfiehlt sich, je nach Wortarten und ihren Funktionen (später!) farblich zu differenzieren, z. B. weiße Karten: Konjunktionen, Präpositionen und Partikeln sowie

rote Karten:	Nomen	grüne Karten:	Verben
gelbe Karten:	Pronomen	blaue Karten:	Adverbien

SCHRITT 2: DEKLINIEREN UND KONJUGIEREN — PRAXIS

KNG-Kongruenz. Verbinden Sie Substantive und Adjektive grammatisch korrekt:

ἀνθρώπου	ἀγαθόν
ἀνθρώποις	πονηροῦ
φύλακες	πονηροῖς
φύλακα	ἀγαθοί

	ἀγαθός 3
εὐαγγέλιον	+ ....
θεᾷ	+ ....
παῖς	+ ....

Konsonantische Deklination. Vervollständigen Sie. Sie finden den Stamm in jedem beliebigen Kasus (nur nicht im Nominativ!) und fügen die Endungen an (S. 18).

παῖς	φύλαξ	ἐλπίς (Hoffnung)	Ἕλλην	στόμα
παιδ-ός				
	φύλακ-ι			
			Ἕλλην-α	στόμα
				στόματ-α
		ἐλπίδ-ων		
παισί	φύλαξι	ἐλπίσι	Ἕλλησι	στόμασι
				στόματ-α

Endungen aus Schritt 1 – jetzt können Sie sie deuten:

Ῥωμαῖοι ....   Δέρβην + Λύστραν ....

Ἀσίᾳ ....   Φιλίππους ....

Θεόν ....   Ἀθήναις ....

Was fällt Ihnen auf bei den griechischen Wörtern für Athen und Philippi?

Deklinieren. Verändern Sie den Numerus (Sg. – Pl.; Pl. – Sg.):

δένδρον ....   πονηρά ....

καρπόν ....   πονηραῖς ....

καλήν ....   θῆρας ....

καλοῦ ....   πατράσι(ν) ....

καλή ....   θεούς ....

THEORIE — SCHRITT 2: DEKLINIEREN UND KONJUGIEREN

Der bestimmte Artikel

Nomen können im Griechischen wie im Deutschen einen bestimmten Artikel bei sich haben. Bestimmte Artikel sehen aus wie die Endungen der a- und o-Dekl. mit einem Hauch oder einem τ davor: ὁ, ἡ, τό – οἱ, αἱ, τά. Entsprechend werden sie dekliniert (**Grammatik!**).

Nom. m. und **Nom. f.** des Artikels tragen keinen Akzent; sie sind Tonlose = **Atona**.

Funktion des Artikels: Qualifizieren

Der bestimmte Artikel hebt das Nomen aus der Beliebigkeit – allerdings wird die Notwendigkeit dazu im Griechischen anders empfunden als im Deutschen: So steht der Artikel oft bei Namen; er fehlt regelmäßig beim Prädikatsnomen sowie – gelegentlich – in präpositionalen Bestimmungen.

Funktion des Artikels: Attribute anbinden

Der bestimmte Artikel ist fest an sein Substantiv gebunden: Alles, was eventuell dazwischen steht, ist **Attribut**. Es gehört beim Übersetzen mit dazu.

τὸ πονηρὸν δένδρον	der schlechte Baum
ὁ ἀγαθὸς ἄνθρωπος	der gute Mensch
τοὺς σαπροὺς καρπούς	die faulen Früchte

Es kommt vor, dass der Artikel wiederholt wird und ein Adjektiv nachträglich an das Substantiv bindet: οἱ καρποὶ οἱ ἀγαθοί – die guten Früchte.

Funktion des Artikels: Substantivieren

Steht der Artikel mit einem Adjektiv allein (d. h. ohne Substantiv), so wird das Adjektiv substantiviert: τὸ ἀγαθόν = das Gute, οἱ ἀγαθοί = die Guten.

LERNTIPP

Lernen Sie das Deklinationsschema „Artikel" aus Ihrer **Grammatik**.

- Deklinieren Sie Ihre Musterwörter θεά (Göttin), ἀρχή (Anfang), λόγος (Wort), εὐαγγέλιον (Evangelium), θήρ (Tier) jeweils mit dem Artikel.
- Bilden Sie Fügungen wie „die gute Göttin", „der schlechte Anfang" mit vor- bzw. nachgestelltem Attribut.

SCHRITT 2: DEKLINIEREN UND KONJUGIEREN — PRAXIS

Folgende Artikel sind in Schritt 1 schon vorgekommen – ergänzen Sie die fehlenden (mit Nomen Ihrer Wahl) zur vollständigen Tabelle:

	maskulin	feminin	neutrum
Nom.	ὁ Παῦλος	ἡ καλουμένη Μαγδαληνή	....
Gen.	τοῦ θεοῦ	....	....
Dat.	....	ἐν τῇ Ἀσίᾳ	....
Akk.	τὸν θεόν	τὴν βασιλείαν τοῦ θεοῦ	....
Nom.	οἱ δώδεκα	....	....
Gen.	....	....	....
Dat.	ἐν τοῖς οὐρανοῖς	....	....
Akk.	....	....	....

Lesen Sie. Vervollständigen Sie die Übersetzung. Unten sind dazu Nomen und Präpositionen angegeben.

<u>Διῆλθον</u> δὲ τὴν Φρυγίαν (…)	Sie durchzogen ....
<u>κωλυθέντες</u>	Sie wurden gehindert
ὑπὸ τοῦ ἁγίου πνεύματος	....
<u>λαλῆσαι</u> τὸν λόγον ἐν τῇ Ἀσίᾳ.	zu verkünden ....
Ἐλθόντες δὲ κατὰ τὴν Μυσίαν	Sie kamen ....
ἐπείραζον εἰς τὴν Βιθυνίαν <u>πορευθῆναι</u>.	und wollten weiter ....
Καὶ οὐκ εἴασεν αὐτοὺς τὸ πνεῦμα Ἰησοῦ.	Aber es ließ sie nicht ....
<u>Παρελθόντες</u> δὲ τὴν Μυσίαν	Da übergingen sie ....
<u>κατέβησαν</u> εἰς Τρῳάδα.	und zogen hinab ....

Apg 16,6–8

ἅγιος, α, ον	heilig	ὑπό + ...	von
πνεῦμα, πνεύματος, τό	Geist	ἐν + ...	in
Τρῳάς, Τρῳάδος, ἡ	Troas	κατά + ...	hinab nach
		εἰς + ...	in … hinein

Zusatzaufgaben
- Was bedeutet α, ον hinter ἅγιος?
- Die Bedeutung von Präpositionen hängt von dem Kasus ab, mit dem sie verbunden sind. Ergänzen Sie die fehlenden Angaben mithilfe des Textes.

THEORIE — SCHRITT 2: DEKLINIEREN UND KONJUGIEREN

13 Verben

Wie die Nomen haben auch die Verben ihren **Stamm**, der je nach Aussageabsicht gebeugt – **konjugiert** – wird. Man unterscheidet die **thematische** und die **athematische** Konjugation, je nachdem, ob ein Verbalstamm Endungen mithilfe der **Themavokale o** bzw. **e** an sich bindet oder nicht.

> Die thematische Konjugation umfasst wichtige Verben wie **sagen, sehen, haben, hören, gehen, meinen, nehmen, tun, wollen**. Athematisch konjugiert werden u. a. **sein, können, setzen/stellen/legen**.

Vorsilben, Einschübe und Endungen am Verb geben Auskunft über

- die handelnde oder betroffene Person: 1. Person, 2. Person, 3. Person;
- den Numerus: Singular oder Plural;
- den Modus: **Ind**ikativ, **Konj**unktiv, **Opt**ativ, **Imp**erativ;
- das Genus Verbi: **Akt**iv, **Med**ium, **Pass**iv;
- das Tempus: **Präs**ens, **Imp**erfekt, **Fut**ur; **Aor**ist; **Perf**ekt, **Plusquamperf**ekt.

Außerdem gibt es **Inf**initive und **Part**izipien.

Stammformen

Um den Formenreichtum griechischer Verben abzubilden, gibt es Stammformen (S. 102): Angegeben wird jeweils die 1. P. im Präsens, Futur, Aorist und Perfekt – Aktiv und Passiv (S. 108). Aus diesen Formen kann jede andere Verbform abgeleitet werden. Für Verben mit durchweg regelmäßiger – **schwacher** – Flexion sind die Stammformen erschließbar. Eine große Zahl von Verben wird jedoch nicht regelmäßig, sondern **stark** flektiert.

LERNTIPP

Wenn Sie ein Verb im **Lexikon** nachschlagen, finden Sie es in der 1. P. in aktiver Bedeutung (Stammform 1) – übersetzt mit dem Infinitiv. Legen Sie so Ihre Vokabelkarten an. Lassen Sie Platz für die **Stammformenreihe**. Im 1. bis 9. Schritt werden StF einzeln vorgestellt – ab Schritt 10 lernen Sie sie systematisch.

λέγω (wörtlich: ich sage)	= sagen	
ὁράω	= sehen	
ἔχω	= haben	
ἀκούω	= hören	
βαίνω	= gehen	
λαμβάνω	= nehmen	
ποιέω	= tun	
εἰμί	= sein	
τίθημι	= setzen	

Manche Verben verwenden trotz aktiver Bedeutung Passiv-Endungen; sie heißen **Deponentien** – gleich mitlernen:

ἔρχομαι	= gehen, kommen
βούλομαι	= wollen
οἴομαι	= glauben, meinen
δύναμαι	= können

SCHRITT 2: DEKLINIEREN UND KONJUGIEREN — PRAXIS

Lesen Sie und vervollständigen Sie die Übersetzung. Lernen Sie die Vokabeln (Vokabelkartei).

Jesus sagt: Ἀμὴν λέγω ὑμῖν …	……………………………………………………	euch
Ἐγὼ δὲ λέγω ὑμῖν …	Ich aber ……………………………………………	
Ἐγώ εἰμι τὸ φῶς τοῦ κόσμου.	……………………………………………………	
Ἀμὴν ἀμὴν λέγω ὑμῖν,	……………………………………………………	
ὅτι ἐγώ εἰμι ἡ θύρα τῶν προβάτων.	……………………………………………………	

Deshalb liebt mich mein Vater,
   ὅτι ἐγὼ τίθημι τὴν ψυχήν μου,   ……………………………………………………
   ἵνα πάλιν λάβω αὐτήν.   damit ich es/sie wieder gewinne.
   Ἐγώ εἰμι   ……………………………………………………
   ἡ ὁδὸς καὶ ἡ ἀλήθεια καὶ ἡ ζωή·   ……………………………………………………
   οὐδεὶς ἔρχεται πρὸς τὸν πατέρα   ……………………………………………………
   εἰ μὴ δι' ἐμοῦ (= διὰ ἐμοῦ).   ……………………………………………………

Nomen /Pronomen

……………	ich
……………	(Dat.) euch
φῶς, φωτός, τό	Licht
κόσμος, ου, ὁ	Welt
θύρα, ας, ἡ	Tür
πρόβατον, ου, τό	Schaf
ψυχή, ῆς, ἡ	Leben, Seele
μου	mein
ὁδός, οῦ, …	Weg
ἀλήθεια, ας, ἡ	Wahrheit
ζωή, ης, ἡ	Leben
ἐμοῦ (Gen.)	meiner

Präpositionen

πρός + …		hin … zu
διά + Gen.		durch

Konjunktionen

ὅτι	dass, weil
καί	und
εἰ	wenn, falls

Partikeln

δέ	aber

Verneinung

οὐ, οὐκ, οὐχ	nicht
οὐδείς	niemand
εἰ μή	wenn nicht, außer

Zusatzaufgaben
- Geben Sie die beiden Personalpronomen an, die in der Liste fehlen.
- Erschließen Sie, mit welchem Kasus πρός steht – sowie das Genus von ὁδός.

EXAMEN   **SCHRITT 2: DEKLINIEREN UND KONJUGIEREN**

Übersetzen Sie ins Griechische. Achten Sie auf die Endungen – die Akzente müssen Sie nicht setzen. Die Wortstellung im Satz ist ähnlich wie im Deutschen; aber: die Verneinung steht vor dem Verb.

Paulus sagt:

Ich gehe und ich komme.	....
Ich bin (ein) Apostel des Gottes.	....
Ich setze das Leben (ein).	....
Gute Menschen	....
<u>hören mich</u>.	ἀκούουσίν μου.
Die Schlechten aber	....
<u>hören</u> nicht.	.... ἀκούουσιν.
Den Vater Jesu Christi	....
habe ich im Herzen.	....
....	Ich sage schöne Worte.
....	Ich nehme den guten Weg.
....	Ich sehe das Licht des Himmels.
....	Ich setze den schlechten Baum nicht.
....	Ich habe Leben durch Gott.

Was sagt Johannes der Täufer (*Joh 1,26f.*) über Jesus? Lesen Sie deutsch und griechisch; schlagen Sie die beiden rechts ausgeworfenen Vokabeln im **Lexikon** nach.

Ἐγὼ βαπτίζω ἐν ὕδατι.   ὕδωρ, ὕδατος, … ....

Μέσος ὑμῶν ἕστηκεν, ὃν ὑμεῖς οὐκ οἴδατε,

ὁ ὀπίσω μου ἐρχόμενος,

οὗ οὐκ εἰμὶ ἄξιος,   ἄξιος, α, ον ....

ἵνα λύσω αὐτοῦ τὸν ἱμάντα τοῦ ὑποδήματος.   dass ich den Riemen seiner Sandale löse.

Schritt 3: Berichten und erzählen

Sie können

- Verben konjugieren
- mit kontrahierten Verben umgehen
- Gegenwart und Vergangenheit unterscheiden – StF 3

Sie deuten

- den Gebrauch der Tempora im Satz

Sie kennen

- Nebensätze mit ὅτι und ἐπεί
- Personal- und Possessivpronomen
- den Anfang der Anabasis des Xenophon

Jesus und sein Zeuge **Paulus** kommen zu Wort; neben dem Zimmermannssohn Jesus, dem die Menschen in Nazareth nicht viel zutrauen, steht der jüngere Sohn des Perserkönigs Dareios im Mittelpunkt – ihm wird allerhand Schlechtes zugetraut ... Lernen Sie Xenophons Griechisch in der **Anabasis** kennen, bevor Sie später in seine **Erinnerungen an Sokrates** eingeführt werden.

SCHRITT 3: BERICHTEN UND ERZÄHLEN

Konjugieren: Gegenwart

Auf der Zeitstufe „Gegenwart" gibt es zwei Aspekte: das, was ist, weil es gerade abläuft oder immer gilt; das, was ist, weil es als Resultat eines vergangenen Geschehens vorliegt – Präsens und Perfekt. Für diese zwei Aspekte gibt es im Griechischen die **Haupttempusendungen** (denen wir aber auch im Futur, also auf der Zeitstufe „Zukunft", begegnen werden).

Die Endungen der **athematischen Konjugation** für die 1., 2., 3. Person Sg. und Pl. sind

| μι | ς | σι(ν) | μεν | τε | ασι(ν) | im Aktiv sowie |
| μαι | σαι | ται | μεθα | σθε | νται | im Medium und Passiv. |

Die Endungen der **thematischen Konjugation**, verschmolzen mit dem Themavokal, sind

| ω | εις | ει | ομεν | ετε | ουσι(ν) | im Aktiv sowie |
| ομαι | η (< ε-σαι) | εται | όμεθα | εσθε | ονται | im Medium und Passiv. |

LERNTIPP

Machen Sie sich Gemeinsamkeiten und Unterschiede der beiden Schemata klar – Auffälliges lernt sich leichter. – Das Schema der thematischen Konjugation müssen Sie sicher auswendig können; die athematische Konjugation sollte Ihnen vertraut sein. Sie ist seltener und – durch viele Ausnahmen – schwerer.

Präsens – die erste Stammform

| λεγ-
ἀκου-
βαιν-
λαμβαν- | 1. P. ω
2. P. εις
3. P. ει

1. P. ομεν
2. P. ετε
3. P. ουσι(ν) | ἐρχ-
βουλ-
οἰ- | 1. P. ομαι
2. P. η (< ε-σαι)
3. P. εται

1. P. όμεθα
2. P. εσθε
3. P. ονται |

Durch die Verbindung von Präsensstamm und Endung entstehen Prädikate im Präsens (StF 1), zum Beispiel λεγ- + ω = λέγω, ich sage; ἀκου- + εις = ἀκούεις, du hörst; ἐρχ- + εται = ἔρχεται, er geht; βουλ- + όμεθα = βουλόμεθα, wir wollen usw.

- In den Endungen ist das Personalpronomen (ich, du ...) enthalten.
- Medium + Passiv ist hier aktiv zu übersetzen; die Beispielverben sind **Deponentien** (S. 24).

LERNTIPP

Üben Sie: Bilden Sie aus dem vorgegebenen Material weitere Beispiele. Konjugieren Sie λέγω, ἀκούω, βαίνω, λαμβάνω, ἔρχομαι, βούλομαι, οἴομαι im Präsens.

SCHRITT 3: BERICHTEN UND ERZÄHLEN **PRAXIS**

Lesen Sie die Texte – griechisch und deutsch. Bestimmen Sie mithilfe der Vokabelliste alle Verbformen und übersetzen Sie sie. Lernen Sie die in der Liste angegebenen Vokabeln (Kartei). Nicht angegebene Vokabeln finden Sie im **Lexikon**.

Zu den Satzzeichen: **Hochpunkt** = Doppelpunkt; **Semikolon** = Fragezeichen

Τί δὲ βλέπεις τὸ κάρφος ....

τὸ ἐν τῷ ὀφθαλμῷ τοῦ ἀδελφοῦ σου, ...

τὴν δὲ δοκὸν τὴν ἐν τῷ ἰδίῳ ὀφθαλμῷ ....

οὐ κατανοεῖς; ....

Lk 6, 41

Τί δέ με καλεῖτε· „Κύριε κύριε", ...

καὶ οὐ ποιεῖτε, ἃ λέγω; ....

Lk 6,46

Τυφλοὶ ἀναβλέπουσιν, χωλοὶ περιπατοῦσιν, ...

λεπροὶ καθαρίζονται καὶ κωφοὶ ἀκούουσιν, ...

νεκροὶ ἐγείρονται, πτωχοὶ εὐαγγελίζονται. ....

Lk 7,22b

Nomen /Pronomen		Verben	
τί	was?	βλέπω	ansehen
ὀφθαλμός, οῦ, ὁ	Auge	κατανοέω	bemerken
ἀδελφός, οῦ, ὁ	Bruder	καλέω	rufen, nennen
σου (Gen.)	dein (von dir)	ἀναβλέπω	wieder sehen
με (Akk.)	mich	περιπατέω	umhergehen
κύριος, οῦ, ὁ	Herr	καθαρίζομαι	rein werden
νεκρός, ά, όν	tot	ἐγείρομαι	auferstehen, wach werden
πτωχός, ή, όν	arm	εὐαγγελίζομαι	die gute Nachricht hören

Zusatzaufgaben
- Suchen Sie in **Text 1** die Artikel. Wie erklären Sie das doppelte τό und τήν?
- In **Text 2** sind zwei Formen, die Sie noch nicht kennen – sehen Sie in Ihrer **Grammatik** nach; für κύριε im Schema der o-Deklination, für ἅ bei den Relativpronomen.

THEORIE — SCHRITT 3: BERICHTEN UND ERZÄHLEN

Pronomen

Pronomen stehen anstelle von Nomen bzw. weisen auf sie hin. Sie haben bereits einige Pronomen gelernt. Im Schema lassen sich Regelmäßigkeiten erkennen.

Deklination des Personalpronomens, 1. und 2. Person:

ich	meiner	mir	mich	wir	unser	uns	uns
ἐγώ	ἐμοῦ/μου	ἐμοί/μοι	ἐμέ/με	ἡμεῖς	ἡμῶν	ἡμῖν	ἡμᾶς
du	deiner	dir	dich	ihr	euer	euch	euch
σύ	σοῦ/σου	σοί/σοι	σέ/σε	ὑμεῖς	ὑμῶν	ὑμῖν	ὑμᾶς

Das Possessivpronomen, 1. und 2. Person: mein, dein, unser, euer – wird dekliniert wie ein Adjektiv der o- und a-Deklination.

ἐμός, ἐμή, ἐμόν   ἡμέτερος, ἡμετέρα, ἡμέτερον
σός, σή, σόν   ὑμέτερος, ὑμετέρα, ὑμέτερον

Statt des Possessivpronomens wird auch der Gen. des Personalpronomens verwendet:
ἐν τῷ ὀφθαλμῷ σου (wörtl.: in dem Auge „von dir") = ἐν τῷ σῷ ὀφθαλμῷ (in deinem Auge).

Personal- und Possessivpronomen der 3. Person: αὐτός, αὐτή, αὐτό
Anstelle eines echten Pronomens der 3. Person wird ein Pronominal-Adjektiv verwendet; es wird dekliniert nach der o- und a-Deklination – mit einer Ausnahme: Nom. und Akk. Sg. n. enden auf o, nicht wie gewohnt auf ov.

Beispiele:
Ἰησοῦς διώδευεν … καὶ οἱ δώδεκα σὺν αὐτῷ – Jesus wanderte … und die zwölf <u>mit ihm</u>.
ἵνα λύσω αὐτοῦ τὸν ἱμάντα – dass ich löse den Riemen „von ihm" = <u>seinen</u> Riemen.

LERNTIPP

Suchen Sie die vollständigen Schemata in Ihrer Grammatik. Sie müssen sie auswendig können. Folgende Beobachtungen helfen:

- Durchgängiges Kennzeichen der 1. P. Sg. ist das μ (mich, mein, engl. me, my)
- Durchgängiges Kennzeichen der 2. P. Sg. ist das σ.
- Durchgängiges Kennzeichen der 1. P. Pl. ist das η.
- Durchgängiges Kennzeichen der 2. P. Pl. ist das υ (lat.: vos, vester).

In der 1. und 2. Person Sg. des Personalpronomens gibt es betonte und unbetonte Formen (Akzent!).

SCHRITT 3: BERICHTEN UND ERZÄHLEN — PRAXIS

Lesen Sie die Texte und markieren Sie die Personal- und Possessivpronomen; bestimmen Sie: Person, Numerus, Genus, Kasus.
Mithilfe des deutschen Textes: Welche Vokabeln und Formen erkennen Sie? Suchen Sie im **Lexikon** die unten genannten Vokabeln und lernen Sie sie (Kartei). Die Partizipien und anderen unbekannten Formen im Text werden später erläutert.

Jesus lehrte in der Synagoge – und da war auch eine verkrümmte Frau …

Ἰδὼν δὲ αὐτὴν ὁ Ἰησοῦς ………………………………………

προσεφώνησεν καὶ εἶπεν αὐτῇ· ………………………………………

„Γύναι, ἀπολέλυσαι τῆς ἀσθενείας σου", ………………………………………

καὶ ἐπέθηκεν αὐτῇ τὰς χεῖρας· ………………………………………

καὶ παραχρῆμα ἀνωρθώθη, καὶ ἐδόξαζεν τὸν θεόν. ………………………………………

Lk 13,12 f.

Paulus leitet seinen Brief ein …

1 Παῦλος καὶ Σιλουανὸς καὶ Τιμόθεος ………………………………………

τῇ ἐκκλησίᾳ Θεσσαλονικέων ………………………………………

ἐν θεῷ πατρὶ καὶ κυρίῳ Ἰησοῦ Χριστῷ, ………………………………………

χάρις ὑμῖν καὶ εἰρήνη. ………………………………………

2 Εὐχαριστοῦμεν τῷ θεῷ πάντοτε περὶ πάντων ὑμῶν, ………………………………………

μνείαν ποιούμενοι ἐπὶ τῶν προσευχῶν ἡμῶν … ………………………………………

4 εἰδότες, ἀδελφοί …, ………………………………………

5 ὅτι τὸ εὐαγγέλιον ἡμῶν ………………………………………

οὐκ ἐγενήθη εἰς ὑμᾶς ἐν λόγῳ μόνον, ………………………………………

ἀλλὰ καὶ … ἐν πνεύματι ἁγίῳ … ………………………………………

1 Thess 1,1–5

γυνή, γυναικός, ἡ ………………	ἰδών, όντος (Partizip)	sehend
χείρ, χειρός, ἡ ………………	μνείαν ποιούμενος (Part.)	gedenkend
ἐκκλησία, ας, ἡ ………………	εἰδώς, ότος (Part.)	wissend
εἰρήνη, ης, ἡ ………………	οὐ μόνον …,	nicht nur …,
προσφωνέω ………………	ἀλλὰ καί	sondern auch
ἀπολύω ………………	περί + Gen.	von, über; *hier:* wegen, für
εὐχαριστέω ………………		
γίγνομαι ………………		

THEORIE — SCHRITT 3: BERICHTEN UND ERZÄHLEN

Konjugieren: Vergangenheit

Auf der Zeitstufe „Vergangenheit" gibt es zwei verschiedene **Aspekte**: Vergangenheit, die andauernde Vorgänge beschreibt, ohne besonderes Interesse an deren Anfang und Ende (**Imperfekt**); Vergangenheit, die einzelne Ereignisse hervorhebt, ihre Einmaligkeit oder ihre Plötzlichkeit (**Aorist**). Diesen beiden Arten von Vergangenheit entsprechen im Griechischen zwei Tempora mit fast identischen Endungen, den sogenannten **Nebentempusendungen**. Sie lauten für die 1., 2., 3. P. Sg. und Pl.:

| ν | ς | – | μεν | τε | ν/σαν | im Aktiv sowie |
| μην | σο | το | μεθα | σθε | ντο | im Medium (+ Passiv) |

Im **Indikativ** kommt ein zweites Kennzeichen hinzu: Vor die Prädikate tritt ein **Augment** – meistens ein ε –; es bedeutet: „Achtung, jetzt folgt Vergangenheit!"

LERNTIPP

- Lernen Sie die aktiven Nebentempusendungen als Formel: „ny – sigma – nichts; men – te – ny bzw. san".
- Lernen Sie die Regeln für die Augmentbildung und -stellung aus der **Grammatik**.

Imperfekt

Imperfekt-Formen der thematischen Konjugation bestehen aus: Augment + Präsensstamm + Themavokal + Nebentempusendung. Es ergeben sich so die folgenden Ausgänge:

| ο-ν | ε-ς | ε-(ν) | ο-μεν | ε-τε | ο-ν | im Aktiv sowie |
| ο-μην | ου (< ε-σο) | ε-το | ο-μεθα | ε-σθε | ο-ντο | im Medium/Passiv |

ἔ-βαιν-ο-ν	ich ging	ἐ-βουλ-ό-μεθα	wir wollten
ἐ-λάμβαν-ε-ς	du nahmst	ἠ-κού-ε-τε	ihr hörtet
ἐ-ποίει- (< ἐποίε-ε-)	er/sie/es machte	ἑώρων (< ἑ-όρα-ο-ν)	sie sahen

Aorist – die dritte Stammform

Der Aorist bildet einen eigenen Stamm. Der Stamm des schwachen Aorists entsteht durch die Erweiterung des Stammes durch das Aoristkennzeichen σ(α): aus ἀκου- wird ἀκου-σα-. Durch die Verbindung von Augment, Aoristkennzeichen und Nebentempusendung entstehen Prädikate im Aorist – wobei einige Endungen sich charakteristisch verändern (unterstrichen):

| <u>σα</u> | σας | <u>σε(ν)</u> | σαμεν | σατε | σαν | im Aktiv sowie |
| σάμην | <u>σω</u> (< σα-σο) | σατο | σάμεθα | σασθε | σαντο | im Medium (Passiv S. 60) |

LERNTIPP

Schlagen Sie Imperfekt und schwachen Aorist in der Grammatik nach; lernen Sie beide Schemata, z. B. mit ἀκούω.

SCHRITT 3: BERICHTEN UND ERZÄHLEN **PRAXIS**

Vervollständigen Sie die lückenhafte Übersetzung des Anabasis-Anfangs (s. auch S. 16) mithilfe Ihrer Vorkenntnisse, der Vokabelliste (lernen!) und des **Lexikons**. Der Text enthält Prädikate in 3 Tempora: Kennzeichnen Sie Präsens, Imperfekt, Aorist in verschiedenen Farben.

Ἐπεὶ δὲ ἠσθένει Δαρεῖος	....
καὶ ὑπώπτευε τελευτὴν τοῦ βίου,	....
ἐβούλετο	....
τὼ παῖδε ἀμφοτέρω παρεῖναι.	dass beide Söhne anwesend waren.
Ὁ μὲν οὖν πρεσβύτερος παρὼν ἐτύγχανε·	Der Ältere nun war gerade da,
Κῦρον δὲ μεταπέμπεται ἀπὸ τῆς ἀρχῆς.	.... von seinem Posten.
Ἀναβαίνει οὖν ὁ Κῦρος	....
λαβὼν Τισσαφέρνην ὡς φίλον.	und bringt T. mit als seinen Freund.
Ἐπεὶ δὲ ἐτελεύτησε Δαρεῖος καὶ	....
κατέστη εἰς τὴν βασιλείαν Ἀρταξέρξης,	als A. die Nachfolge angetreten hatte,
Τισσαφέρνης διαβάλλει τὸν Κῦρον	....
πρὸς τὸν ἀδελφόν.	....
Ὁ δὲ πείθεταί τε καὶ συλλαμβάνει Κῦρον…	Der aber ....

Aus Xenophons Anabasis 1,1,1–3

Nomen

τελευτή, ῆς, ἡ	Ende
βίος, ου, ὁ	Leben

Konjunktionen

ἐπεί	als, nachdem
τε … καί	sowohl … als auch

Präposition

πρός + Akk.	auf … hin, gegen

Adverb

οὖν	folglich

Verben

ἀσθενέω	krank sein
ὑποπτεύω	ahnen
τυγχάνω	gerade etw. tun/sein
μεταπέμπομαι	holen lassen
ἀναβαίνω	*hier:* herbeikommen
τελευτάω	sterben
διαβάλλω	verleumden
πείθομαι	*hier:* glauben
συλλαμβάνω	gefangen nehmen

Ü-TIPP

Tempora beachten! Nach „nachdem" muss der Aorist mit dt. Plusquamperfekt wiedergegeben werden, wenn im Hauptsatz Vergangenheit steht.

THEORIE — SCHRITT 3: BERICHTEN UND ERZÄHLEN

Konjugieren – Kontrahieren

Eine Gruppe von Verben der thematischen Konjugation endet – 1. Stammform (!) – auf έω oder άω, z. B. ποιέω, τελευτάω. Bei Platon, Xenophon und im Neuen Testament finden Sie solche Endungen kontrahiert – d. h. der Stammauslaut und die Endung samt Themavokal werden zu einem neuen Laut zusammengezogen.

ε + ε = ει
ε + ο = ου
ε vor langem Vokal oder Diphthong wird verschlungen.

α + E-Laut = α
α + O-Laut = ω
Dabei wird ι als ι subscriptum geschrieben.

Das Tempuskennzeichen σα für den Aorist wird regelmäßig mit η angebunden:
ἐποίησα, ἐποιήσαμεν, ἐτελεύτησε, ἐτελεύτησαν.

LERNTIPP

Es ist zwar nicht nötig, dass Sie aktiv kontrahieren können – Sie müssen die Regeln aber beherrschen, um die Formen unbekannter Vokabeln auf ihre 1. Stammform zurückführen zu können. Schlagen Sie die **Verba contracta** in der **Grammatik** nach.

Ü-TIPP

Tempora beachten! Deutsche und griechische Vergangenheitstempora entsprechen einander nur bedingt. Der Tempusgebrauch des zu übersetzenden Textes muss erkannt und ernst genommen werden – dann aber gilt es, ihn in deutschen Sprachgebrauch zu überführen.

- Die deutsche Erzählzeit ist das Präteritum. Bleiben Sie dabei. Aber: Der Unterschied zwischen griechischem Imperfekt und Aorist geht dabei verloren. Eine Differenzierung durch bewussten Gebrauch von **Synonymen** ist aber (bisweilen) möglich und lohnend:

ἔκλαιεν; Imperfekt von „weinen":   Da saß eine Frau und <u>weinte</u>.
ἔκλαυσεν; Aorist von „weinen":   Jesus sah Jerusalem und <u>brach in Tränen aus</u>.

Imperfekt beschreibt eine Dauer; Anfang oder Ende der Handlung bzw. des Vorgangs sind nicht im Blick. Aorist drückt Plötzlichkeit und Einmaligkeit aus, oft den Anfangs- oder Endpunkt einer Handlung.

- Der Wechsel von Vergangenheitszeiten ins Präsens erhöht die Spannung. Griechische Autoren bedienen sich gern dieses **Stilmittels**. Im Deutschen wirkt der Tempuswechsel hingegen oft falsch. Entscheiden Sie selbst, wo Sie ihn nachmachen wollen, wo nicht.

SCHRITT 3: BERICHTEN UND ERZÄHLEN **PRAXIS**

Welche der folgenden Verbformen weisen kontrahierte Endungen auf? Markieren Sie sie. Geben Sie für alle Verbformen die erste Stammform (StF 1) an; bei den Vergangenheitstempora müssen dazu die Augmente entfernt werden. Überprüfen Sie Ihre Vermutung anhand des **Lexikons**.

βλέπεις	keine Vorsilbe, kein Augment, keine Kontraktion:	βλέπω – sehen
καλεῖτε	....	....
περιπατοῦσιν	....	....
ἀκούουσιν	....	....
ποιεῖτε	....	....
ἐβούλετο	....	....
ἐτύγχανε	....	....
ἐτελεύτησε	....	....

Lesen Sie griechisch. Füllen Sie die Lücken der Übersetzung aus. In der Liste finden Sie blasser gedruckte Wörter – die müssen Sie nicht lernen. Sie finden auch unbekannte Formen – die klären sich später.

Ἐντεῦθεν δὲ κατέβαινεν Κῦρος	Von dort aber ....
εἰς πεδίον μέγα καὶ καλόν, ἐπίρρυτον,	................................, wasserreich,
καὶ δένδρων παντοδαπῶν	voll von ....
σύμπλεων καὶ ἀμπέλων …	....
ὄρος δ' αὐτὸ περιέχει ὀχυρὸν καὶ ὑψηλόν,	................................,
πάντῃ ἐκ θαλάττης εἰς θάλατταν.	und zwar ringsum, von ....
Καταβὰς δὲ διὰ τούτου τοῦ πεδίου	Hinabziehend nun durch diese Ebene
ἤλασε … εἰς Ταρσούς, τῆς Κιλικίας	kam er ...., ...
πόλιν μεγάλην καὶ εὐδαίμονα.	....

Xenophon, Anabasis 1,2,22 f.

Nomen

πεδίον, ου, τό	Ebene	θάλαττα, ης, ἡ	Meer
μέγας, μεγάλη, μέγα	groß	πόλις, εως, ἡ	Stadt
παντοδαπός, ή, όν	vielfältig	εὐδαίμων, ονος 2	glücklich, reich
ἄμπελος, ου, ἡ	Weinstock		
ὄρος, ους, τό	Gebirge	**Verben**	
ὀχυρός, ά, όν	sicher	καταβαίνω	herabziehen
ὑψηλός, ή, όν	hoch	περιέχω	umgeben

35

EXAMEN — SCHRITT 3: BERICHTEN UND ERZÄHLEN

Lesen Sie den Text, griechisch und deutsch. Markieren Sie alle Verbformen, die Sie erkennen. Bestimmen Sie sie. Wo die Übersetzung fehlt – versuchen Sie es selbst.

Jesus in Nazareth

Καὶ ἔρχεται εἰς τὴν πατρίδα αὐτοῦ,	....
καὶ ἀκολουθοῦσιν αὐτῷ οἱ μαθηταὶ αὐτοῦ.	....
καὶ γενομένου σαββάτου	und weil gerade Sabbat war,
ἤρξατο διδάσκειν ἐν τῇ συναγωγῇ,	....
καὶ πολλοὶ ἀκούοντες	und viele, die ihn hörten,
ἐξεπλήσσοντο λέγοντες·	entsetzten sich und sagten:
„Πόθεν τούτῳ ταῦτα, καὶ τίς ἡ σοφία	„Woher hat der das? Welche Weisheit
ἡ δοθεῖσα τούτῳ, καὶ αἱ δυνάμεις τοιαῦται	ist ihm gegeben! Und was für Wunder
διὰ τῶν χειρῶν αὐτοῦ γινόμεναι;	geschehen durch seine Hände!
οὐχ οὗτός ἐστιν ὁ τέκτων, ὁ υἱὸς τῆς Μαρίας	Ist er nicht ....
καὶ ἀδελφὸς Ἰακώβου καὶ Ἰωσῆτος	....
καὶ Ἰούδα καὶ Σίμωνος;	....
καὶ οὐκ εἰσὶν αἱ ἀδελφαὶ αὐτοῦ ὧδε πρὸς ἡμᾶς;"	.... ?"
καὶ ἐσκανδαλίζοντο ἐν αὐτῷ.	....
καὶ ἔλεγεν αὐτοῖς ὁ Ἰησοῦς ὅτι·	....
„Οὐκ ἔστιν προφήτης ἄτιμος	....
εἰ μὴ ἐν τῇ πατρίδι αὐτοῦ	....
... καὶ ἐν τῇ οἰκίᾳ αὐτοῦ."	....

Mk 6,1–4

Nomen

πατρίς, πατρίδος, ἡ	Heimat
μαθητής, οῦ, ὁ	Jünger
τέκτων, ονος, ὁ	Zimmermann
υἱός, οῦ, ὁ	Sohn
ἄτιμος 2	verachtet
ὀλίγος 3	gering

Verben

ἀκολουθέω	folgen
ἄρχομαι	beginnen
διδάσκω	lehren
ἐκπλήσσομαι	sich entsetzen
εἰσί(ν)	sie sind
σκανδαλίζομαι	Anstoß nehmen

Sonstige

πόθεν;	woher?
ὧδε	hier

Schritt 4: Sich unterhalten

Sie können

- Imperative erkennen und übersetzen
- εἰμί im Präsens und Imperfekt konjugieren
- Demonstrativ- und Relativpronomen deklinieren
- Verbformen im Satz auf ihre Nennform zurückführen

Sie deuten

- Kongruenzen im Satz
- Präsens bzw. Aorist im Hinblick auf den jeweiligen Aspekt

Sie kennen

- schwache und starke Aoriststämme
- typische Erweiterungen am Präsensstamm
- Begleitumstände der Hinrichtung des Sokrates (Platons Phaidon)

Er war, wie Xenophon, ein Schüler des Sokrates: der Philosoph **Platon**. Den Stil des dialogischen Philosophierens verdankt er seinem Lehrer. Drei seiner Schriften beschäftigen sich mit Sokrates' Lebensende (399 v. Chr.): Die **Apologie** ist dem Prozess gewidmet, die Dialoge **Kriton** und **Phaidon** behandeln die Umstände der Urteilsvollstreckung. – Ein Ausschnitt aus dem **Phaidon** führt Sie in den Ton des Miteinander-Redens ein – und in einem weiteren Ausschnitt aus der **Bergpredigt** erleben Sie **Jesus** erneut als Lehrer des Lebens.

THEORIE — SCHRITT 4: SICH UNTERHALTEN

Das (Hilfs-)Verb „sein"

Das griechische Verb „sein" gehört der athematischen Konjugation an und ist sehr unregelmäßig – im Vergleich: links die regelmäßigen Endungen, rechts εἰμί.

Endungen, athematisch Akt. Präs.					Präsens, εἰμί			
	1. P.	μι	1. P.	μεν		1. P.	εἰμί	1. P.	ἐσμέν
	2. P.	ς	2. P.	τε		2. P.	εἶ	2. P.	ἐστέ
	3. P.	σι(ν)	3. P.	ασι(ν)		3. P.	ἐστί(ν)	3. P.	εἰσίν

Endungen, athematisch Akt. Impf.					Impf., εἰμί			
	1. P.	ν	1. P.	μεν		1. P.	ἦν	1. P.	ἦμεν
	2. P.	ς	2. P.	τε		2. P.	ἦσθα	2. P.	ἦτε
	3. P.	–	3. P.	σαν		3. P.	ἦν	3. P.	ἦσαν

Die Präsensformen haben – bis auf die 2. P. Sg. – keinen eigenen Akzent; sobald sie im Satz stehen, „lehnen" sie sich an das vorhergehende Wort an und verlieren ihren „Hilfs"-Akut. Solche anlehnungsbedürftigen Wörter heißen **enklitisch** (Enklitika).

Hilf-los

Das Verb „sein" beschreibt Zustände in Gegenwart, Vergangenheit und Zukunft. Dabei ist es auf Substantive oder Adjektive angewiesen, die die Aussage erst vollständig machen: Er war ... – ist kein Satz; es muss weitergehen: Er war krank – stark – ein Angeber – der Kaiser von China. Diese notwendige Ergänzung, das **Prädikatsnomen**, steht im Griechischen meistens **ohne Artikel** (Gegenbeispiele in den johanneischen Selbstaussagen Jesu, oben S. 25!).

Existenziell

Das Verb „sein" wird zum Vollverb, wenn es um das Sein schlechthin, also um die Existenz geht: Ich denke, also „bin/existiere" ich ... – Wenn ἔστι am Satzanfang steht und einen Akut auf der ersten Silbe hat, ist es Vollverb und heißt: „Es gibt ..."
Auch in Verbindung mit Vorsilben wird aus εἰμί ein Vollverb: πάρειμι – da sein; ἄπειμι – weg sein; ἔξεστι(ν) – es ist erlaubt.

LERNTIPP

Die beiden Konjugationsschemata von „sein" kann man gut mechanisch auswendig lernen. Besondere Aufmerksamkeit gilt den dritten Personen; sie sind am häufigsten.

Ü-TIPP

Sinngemäß ergänzen!

Da das Prädikatsnomen inhaltlich wichtiger ist als die jeweilige Form von „sein", sucht man diese in griechischen Sätzen häufig vergebens – sie ist ausgelassen (**Ellipse**) und muss beim Übersetzen ergänzt werden.

SCHRITT 4: SICH UNTERHALTEN — PRAXIS

Phaidon, ein Freund des Sokrates, berichtet dem Echekrates aus Phleious, wer in der Todesstunde des Meisters bei ihm war. – Die Vielzahl der Namen erfordert genaues Hinsehen. Παιανιεύς und Θηβαῖος sind keine Namen, sondern aus Ortsnamen gebildete (und daher groß geschriebene) Adjektive; übersetze: „aus Paiania", „aus Theben". – Suchen, markieren und bestimmen Sie zunächst Formen von εἰμί, kümmern Sie sich dann um die „kleinen Wörter": τε, δή, δέ, γάρ stehen **hinter** dem Wort, **vor** das sie gehören. – Gelingt nach diesen Vorüberlegungen eine Übersetzung?

Φ.· Οὗτός τε δὴ ὁ Ἀπολλόδωρος ὁ τῶν ἐπιχωρίων ....
παρῆν καὶ Κριτόβουλος καὶ ὁ πατὴρ αὐτοῦ ....
καὶ ἔτι Ἑρμογένης καὶ Αἰσχίνης καὶ Ἀντισθένης. ....
ἦν δὲ καὶ Κτήσιππος ὁ Παιανιεὺς καὶ Μενέξενος ....
καὶ ἄλλοι τινὲς τῶν ἐπιχωρίων. ....
Πλάτων δέ, οἶμαι, ἠσθένει. ....
ΕΧ.· Ξένοι δέ τινες παρῆσαν; ....
Φ.· Ναί, Σιμμίας τέ γε ὁ Θηβαῖος καὶ Κέβης ....
καὶ Φαιδώνδης καὶ Μεγαρόθεν Εὐκλείδης τε ....
καὶ Τερψίων. ....

Platon, Phaidon 59b-c

Μεγαρό-θεν = aus Megara

Namen · Nomen

Πλάτων, Πλάτωνος
Φαίδων, Φαίδωνος
Σωκράτης, Σωκράτους
ἄλλος, η, ο — anderer
ἐπιχώριος, α, ον — einheimisch
ξένος, η, ον — fremd

Verben

οἶμαι (eingeschoben) — „glaub ich"

Pronomen

οὗτος, αὕτη, τοῦτο — dieser
τις, τι (Gen. τινός) — (irgend)ein

Sonstige

δή — gewiss
ἔτι — noch, außerdem
ναί — ja
οὐ δῆτα — nicht wirklich
γάρ — denn

Zusatzaufgabe

Schlagen Sie in der **Grammatik** in der kons. Dekl. die σ-Stämme auf. Deklinieren Sie Σωκράτης, auch ὄρος (S. 35) bzw. γένος.

THEORIE — SCHRITT 4: SICH UNTERHALTEN

Imperativ

Zu Gesprächen gehören direkte Aufforderungen bzw. Verbote – an eine oder mehrere Personen. Dafür gibt es die Formen des Imperativs. Sie werden mit μή verneint.

Aktiv		Medium + Passiv – Deponentien	
ἄκουε	höre!	θεῶ (< θεά-ου)	betrachte genau!
ἀκούετε	hört!	θεᾶσθε	betrachtet genau!
μὴ φόνευε	töte nicht!	μὴ φοβοῦ	fürchte dich nicht!
μὴ φονεύετε	tötet nicht!	μὴ φοβεῖσθε	fürchtet euch nicht!

Oft sollen Handlungen in einer konkreten Situation – **plötzlich** – ausgelöst oder unterbunden werden. Im Griechischen stehen sie dann im Aorist – ohne Augment! Das heißt: Nicht Vergangenheit, sondern der Aspekt „plötzlich, einmalig" wird ausgedrückt. **Verbote** im Aorist werden nicht mit dem Imperativ gebildet, sondern mit dem **Konjunktiv** (lernen Sie später – S. 82) als dem Modus für Absichten:

Aktiv		(nur!) Medium – Deponentien	
ἄκουσον	horch!	θέασαι	schau mal hin!
ἀκούσατε	horcht!	θεάσασθε	schaut mal hin!
μὴ φονεύσῃς	bring (ihn) nicht um!	μὴ θεάσῃ	schau nicht hin!
μὴ φονεύσητε	bringt (ihn) nicht um!	μὴ θεάσησθε	schaut nicht hin!

LERNTIPP

Die Imperative und Konjunktive müssen – aus der **Grammatik** – vollständig gelernt werden. Einige Regelmäßigkeiten helfen beim Erkennen:

- **Imperative** ziehen die Betonung so weit wie möglich nach vorn (Akzent auf der drittletzten Silbe).
- **Konjunktive** dehnen den Themavokal: ε zu η, ει zu ῃ, ο und ου zu ω (später; S. 82).

Ü-TIPP

Beziehen!

Der Dialog auf S. 39 zeigt die Vorliebe der griechischen Sprache für Beziehungen: Kaum ein Satz steht unverbunden; stets weisen „kleine Wörter" auf den Zusammenhang – ein Sachverhalt folgt aus dem anderen oder er widerspricht ihm; eine kausale, konzessive, adversative oder wenigstens temporale Verbindung lässt sich herstellen. Im Deutschen klingen „aber", „folglich", „fürwahr" zum Auftakt jedes Satzes fremd und steif. – Gehen Sie großzügig mit **Partikeln**, Konjunktionen und Adverbien um; machen Sie sich zwar klar, was sie heißen, lassen Sie sie aber gegebenenfalls auch einmal weg.

SCHRITT 4: SICH UNTERHALTEN — PRAXIS

Lesen Sie die Texte und übersetzen Sie – möglichst ohne (!) den deutschen Text. Markieren Sie vorher die **Imperative**. Die unten aufgeführten Vokabeln schlagen Sie im **Lexikon** nach. (Die Vokabeln, die angegeben sind, lohnen das Lernen nicht bzw. sind Formen, die Sie noch nicht kennen müssen.) **Zusatzaufgabe**: Sie finden zwei **Maskulina der a-Dekl.** – Sehen Sie in der **Grammatik** nach, wie hier dekliniert wird.

Μὴ νομίσητε, ὅτι ἦλθον καταλῦσαι ....
τὸν νόμον ἢ τοὺς προφήτας. ....
Mt 5,17

Ἐγὼ δὲ λέγω ὑμῖν· ....
ἀγαπᾶτε τοὺς ἐχθροὺς ὑμῶν καὶ ....
προσεύχεσθε ὑπὲρ τῶν διωκόντων ὑμᾶς. ....
Mt 5,44

Μὴ θησαυρίζετε ὑμῖν θησαυροὺς ἐπὶ τῆς γῆς, ...
ὅπου σὴς καὶ βρῶσις ἀφανίζει καὶ ....
ὅπου κλέπται διορύσσουσιν καὶ κλέπτουσιν· ....
θησαυρίζετε δὲ ὑμῖν θησαυροὺς ἐν οὐρανῷ, ...
ὅπου οὔτε σὴς οὔτε βρῶσις ἀφανίζει, καὶ ....
ὅπου κλέπται οὐ διορύσσουσιν οὐδὲ κλέπτουσιν. ....
Mt 6,19–20

Nomen

νόμος, ου, ὁ	....
προφήτης, ,	....
ἐχθρός, οῦ, ὁ	....
θησαυρός, οῦ, ὁ	....
σής, σεός, ὁ	Motte
βρῶσις, εως, ἡ	Rost
κλέπτης, ,	....

Verben

ἦλθον	ich bin gekommen
καταλῦσαι	um aufzulösen
ἀγαπάω	....
προσεύχομαι	beten
θησαυρίζω	sammeln
ἀφανίζω	verschwinden lassen
διορύσσω	durchwühlen
κλέπτω	....

Partizip

διώκων, οντος	verfolgend

Präpositionen

ὑπέρ + Gen.	zugunsten von, für
ἐπί + Gen.	auf, an, bei

Konjunktionen

ἤ	oder
ὅπου	wo
οὔτε … οὔτε	weder … noch
οὐδέ	und nicht

THEORIE SCHRITT 4: SICH UNTERHALTEN

Pronomen

Pro-nomen stehen anstelle von Nomen bzw. weisen auf sie hin (S. 30).

Demonstrativpronomen

Es gibt Zeige-Pronomen für die Nähe (vor mir und bei mir) und für die Ferne. Sie vereinen in sich Merkmale des Artikels wie des Adjektivs.

ὅδε	ἥδε	τόδε	der / die / das (Folgende)
οὗτος	αὕτη	τοῦτο	dieser, diese, dieses
ἐκεῖνος	ἐκείνη	ἐκεῖνο	jener, jene, jenes

> **LERNTIPP**
>
> Schlagen Sie die Pronomen in der **Grammatik** auf und lernen Sie die Schemata. Folgende Regelmäßigkeiten helfen:
>
> - ὅδε, ἥδε, τόδε ist aus Artikel (S. 22) und Partikel zusammengesetzt – und wird am Wortanfang dekliniert.
>
> - In οὗτος, αὕτη, τοῦτο steckt ebenfalls der Artikel (S. 22): im Anlaut (Hauch oder τ) und im Vokal der ersten Silbe (ου verhält sich zum o-Laut wie αυ zum a-Laut des Artikels).
>
> - ἐκεῖνος, ἐκείνη, ἐκεῖνο wird regelmäßig dekliniert wie αὐτός (S. 30) – achten Sie auf das o im Neutrum Singular!

Relativpronomen

Relativpronomen – ὅς, ἥ, ὅ – leiten Relativsätze ein, die – als ausgedehntes Attribut – ein Nomen näher beschreiben. Daher stimmen Relativpronomen im Genus und Numerus mit ihrem Beziehungswort (dem Nomen, das sie beschreiben) überein; der Kasus hingegen richtet sich nach den grammatischen Bezügen **innerhalb** des Relativsatzes.

ἡ γυνή, ἣ βαίνει ἐκεῖ	die **Frau, die** dort geht	Pron. als Subjekt
αἱ γυναῖκες, ἃς βλέπω	die **Frauen, die** ich sehe	Pron. als Objekt
οἱ λόγοι, οὓς λέγει	die **Worte, die** er spricht	Pron. als Objekt
ἡ ἐκκλησία, περὶ ἧς εὐχαριστῶ	die **Gemeinde, für die** ich danke	Pron. mit Präp.

> **LERNTIPP**
>
> Relativpronomen sehen aus wie behauchte, betonte (Akzent!) Artikel (S. 22); eine Ausnahme ist das ς am Nom. Sg. m. – Die Formen müssen aus der **Grammatik** gelernt werden!

SCHRITT 4: SICH UNTERHALTEN — PRAXIS

> **LERNTIPP**
>
> Wiederholen Sie die wichtigsten Satzglieder: Subjekt, Prädikat, Objekte, adverbiale Bestimmung – in einer deutschen oder in Ihrer griechischen Grammatik.
> Machen Sie sich mithilfe deutscher Beispielsätze weiter klar, wie die Form eines Relativpronomens durch sein Beziehungswort und durch die Bezüge im Relativsatz bestimmt wird. Finden Sie zu den Sätzen auf S. 42 mindestens fünf weitere. Wie würde in folgenden Fällen das griechische Relativpronomen lauten?

Beziehungswort	Relativpronomen	
Pl. n.	als Akkusativobjekt	....
Sg. f.	mit Präposition „durch" (διά + Gen.)	....
Sg. m.	als Dativobjekt	....
Pl. m.	als Subjekt	....
Sg. n.	als Genitivobjekt	....

Phaidon

Sokrates musste nach der Verurteilung lange auf die Hinrichtung warten. Phaidon sagt, man habe die Rückkehr des „Schiffes" (τὸ πλοῖον) abwarten müssen …

Ἐ.· Τοῦτο δὲ δὴ τί ἐστιν;	....
Φ.· Τοῦτ' ἔστι τὸ πλοῖον, … ,	....
ἐν ᾧ Θησεύς ποτε εἰς Κρήτην	....
τοὺς δὶς ἑπτὰ ἐκείνους ᾤχετο ἄγων	....
καὶ ἔσωσέ τε καὶ αὐτὸς ἐσώθη.	....
τῷ οὖν Ἀπόλλωνι ηὔξαντο, …,	....
ἑκάστου ἔτους θεωρίαν ἀπάξειν εἰς Δῆλον,	einen alljährlichen Festumzug nach Delos zu entsenden
ἣν δὴ ἀεὶ καὶ νῦν ἔτι ἐξ ἐκείνου	....
κατ' ἐνιαυτὸν τῷ θεῷ πέμπουσιν.	....

Platon, Phaidon 58a-b

Informieren Sie sich über Theseus, Kreta, Minotaurus … – Ermitteln Sie die nicht genannten StF 1 (**Lexikon!**) und übersetzen Sie dann.

ᾤχετο ἄγων	er führte eilends	ἀεὶ καὶ νῦν ἔτι	immer (schon) und auch
δὶς ἑπτά	2-mal 7		jetzt noch (ἔτι noch)
ἔσωσε, von?	....	ἐξ + Gen.	seit
ἐσώθη	er wurde gerettet	κατ' ἐνιαυτόν	Jahr für Jahr
ηὔξαντο, von?	....	πέμπουσιν, von?	....

THEORIE — SCHRITT 4: SICH UNTERHALTEN

> **Ü-TIPP**
>
> **Verbformen analysieren!**
> Verben im Text sind oft bis zur Unkenntlichkeit verändert. Um auf die erste Stammform zurückschließen und somit nachschlagen zu können, gilt es zu wissen, was einen **Präsensstamm** verändern kann.

Das Aoristkennzeichen σ(α)

Ein Grund für Veränderungen am Präsensstamm ist das Aoristkennzeichen σ(α). Das σ verzehrt z. B. voranstehendes τ, δ, θ, „ζ" (Dentale). Voranstehendes κ, γ, χ „ττ/σσ" (Gutturale) verschmilzt mit σ zum ξ, voranstehendes π, β, φ, „πτ" (Labiale) zu ψ :
σῴζω – ἔσωσα (retten); τάττω (aufstellen) – ἔταξα; γράφω (schreiben) – ἔγραψα.
Noch folgenreicher ist das Zusammentreffen des Aoristkennzeichens σ(α) mit λ, μ, ν, ρ (Liquide): Das σ schwindet, hinterlässt aber Spuren: Kurze Vokale im Stamm werden gedehnt, Doppelkonsonanten werden einfach: ἀγγέλλω (verkünden) – ἤγγειλα; μένω (bleiben) – ἔμεινα; διαφθείρω (verderben) – διέφθειρα.

> **LERNTIPP**
>
> Schlagen Sie in der **Grammatik** nach: Aoristbildung der Dental-, Guttural-, Labial- und Liquidstämme. Lernen Sie die oben genannten Beispielverben unbedingt auswendig.

Der starke Aorist

Viele Verben bilden keinen schwachen Aorist mit σ(α). Stattdessen verwenden sie einen **starken Aoriststamm**, an den sie den passenden Themavokal (o bzw. e) und die Nebentempusendungen – ny, sigma, „nichts", men, te, ny (S. 32) – hängen.

- Der starke Aoriststamm ist oft kürzer als der Präsensstamm; er streift typische Präsensstammerweiterungen – Reduplikationen (γίγνομαι), Erweiterungen mit Nasal (λαμβάνω), σκ (γιγνώσκω), oder i (βάλλω < βάλιω) – ab.
- Manche Aoriststämme bilden aber eigene Einschübe.
- Wieder andere zeigen keinerlei Verwandtschaft mit dem Präsensstamm.

Kurzstamm	**Stamm mit „Einschub"**	**Eigener Stamm**
βάλλω, ἔβαλ-ο-ν	ἔχω, ἔσχ-ο-ν	λέγω, εἶπ-ο-ν
λαμβάνω, ἔλαβ-ο-ν	ἄγω, ἤγαγ-ο-ν	ὁράω, εἶδ-ο-ν
γίγνομαι, ἐγεν-ό-μην		ἔρχομαι, ἦλθ-ο-ν

βαίνω, ἔβη-ν
γιγνώσκω, ἔγνω-ν
(ohne Themavokal → sog. Wurzelaorist, siehe dazu die Grammatik)

> **LERNTIPP**
>
> Verben, die einen starken Aorist haben, lernt man in der 1. P. Präs. **und** in der 1. P. Aor. (**StF 1 + 3**). Vervollständigen Sie Ihre Vokabelkarten.
> Zum Nachschlagen: Sie finden die Stammformenreihen im **Lexikon** (am Ende des jeweiligen Artikels) bzw. in der **Grammatik**.

„Labyrinth des Minotauros"

Verbinden Sie folgende Prädikate mit ihren Nennformen – bestimmen Sie die Formen und übersetzen Sie (**Lexikon!**).

1.	διώδευεν	a	λαμβάνω	....
2.	κατήντησεν	b	ἐλαύνω	....
3.	ἐθέλησεν	c	ἔρχομαι	....
4.	διῆλθον	d	καλέω	....
5.	ὕμνουν	e	διοδεύω	....
6.	γιγνώσκεται	f	ἄρχομαι	....
7.	κατέβησαν	g	θέλω	....
8.	ἔλαβες	h	τυγχάνω	....
9.	ἔρχεται	i	πείθομαι	....
10.	καλεῖτε	j	ὑμνέω	....
11.	περιπατοῦσιν	k	διέρχομαι	....
12.	εἶπεν	l	ὁράω	....
13.	ἑώρων	m	καταντάω	....
14.	ἐτύγχανε	n	οἴχομαι	....
15.	ἐτελεύτησε	o	εὔχομαι	....
16.	ἤλασε	p	σῴζω	....
17.	ἤρξατο	q	φονεύω	....
18.	ᾤχετο	r	περιπατέω	....
19.	ἔσωσε	s	καταβαίνω	....
20.	ηὔξαντο	t	λέγω	....
21.	μὴ πείσῃ	u	γιγνώσκω	....
22.	μὴ φονεύσητε	v	τελευτάω	....

EXAMEN

SCHRITT 4: SICH UNTERHALTEN

Vergleichen Sie: NT Graece – Martin Luther. Konzentrieren Sie sich auf die Verben ἀγαπάω (lieben), μένω, τηρέω (bewahren, einhalten): Von welchem Stamm sind jeweils die Formen gebildet? Inwiefern ist diese Übertragung der Aktionsarten angemessen?

Aus Jesu Abschiedsreden an seine Jünger

1	Καθὼς ἠγάπησέν με ὁ πατήρ,	Wie mich der Vater liebt,
2	κἀγὼ ὑμᾶς ἠγάπησα·	so liebe ich euch.
3	μείνατε ἐν τῇ ἀγάπῃ τῇ ἐμῇ.	Bleibt in meiner Liebe!
4	Ἐὰν τὰς ἐντολάς μου τηρήσητε,	Wenn ihr meine Gebote haltet,
5	μενεῖτε ἐν τῇ ἀγάπῃ μου,	so bleibt ihr in meiner Liebe,
6	καθὼς ἐγὼ τὰς ἐντολὰς	wie ich meines Vaters Gebote
7	τοῦ πατρός μου τετήρηκα	halte
8	καὶ μένω αὐτοῦ ἐν τῇ ἀγάπῃ.	und bleibe in seiner Liebe.
9	Ταῦτα λελάληκα ὑμῖν,	Das sage ich euch,
10	ἵνα ἡ χαρὰ ἡ ἐμὴ ἐν ὑμῖν ᾖ	damit meine Freude in euch bleibe
11	καὶ ἡ χαρὰ ὑμῶν πληρωθῇ.	und eure Freude vollkommen werde.
12	Αὕτη ἐστὶν ἡ ἐντολὴ ἡ ἐμή,	Das ist mein Gebot,
13	ἵνα ἀγαπᾶτε ἀλλήλους,	dass ihr euch untereinander liebt,
14	καθὼς ἠγάπησα ὑμᾶς.	wie ich euch liebe.

Joh 15,9–12

		Tempus:	wörtlich:
1	ἠγάπησεν	....	....
2	ἠγάπησα	....	....
3	μείνατε	....	....
4	τηρήσητε	....	....
5	μενεῖτε	Futur (!)	....
7	τετήρηκα	Perfekt (!)	....
8	μένω	....	....
13	ἀγαπᾶτε	....	....
14	ἠγάπησα	....	....

Zusatzaufgaben
- Schlagen Sie nach und lernen Sie: καθώς – ...., ἐάν – .... ἵνα – ....
- Was ist **Krasis (Grammatik!)**? – finden Sie ein Beispiel im Text.

Schritt 5: Handeln und behandelt werden

Die Göttin Areté

Sie können

- Adjektive deklinieren und steigern
- Aktiv, Medium und Passiv übersetzen
- mit Partizipien umgehen

Sie deuten

- Genera Verbi im Hinblick auf Subjekt-Objekt-Bezüge
- Aspekte
- Unterordnungen im Satz

Sie kennen

- die Formen des Partizips Präsens
- Merkmale des „Guten" in der Philosophie zur Zeit des Sokrates und in der Bibel

---

Bei Sokrates bzw. Platon geht es um das Gut-Sein, die Ἀρετή, bei Jesus um das Reich Gottes, das eigentliche Leben. Beides ist Aufgabe und Angebot zugleich – auch eine Frage der Erziehung. Als Göttin stellt sich die Areté dem Helden Herakles vor (bei **Prodikos**, einem Zeitgenossen des Sokrates); der junge Kyros lernt im Wettbewerb mit Altersgenossen (**Xenophon, Anabasis**).

THEORIE — SCHRITT 5: HANDELN UND BEHANDELT WERDEN

Adjektive deklinieren

Neben den 3-endigen Adjektiven – ἀγαθός, ἀγαθή, ἀγαθόν (S. 19/20) – gibt es in der a- und o-Deklination auch 2-endige; das sind zusammengesetzte, insbesondere solche, die ein „Alpha privativum" tragen: ἄ-δικος (un-gerecht), ἀ-δύνατος (un-möglich), ἀ-θάνατος (un-sterblich), ἄ-θεος (gott-los). Hier sind maskulin und feminin gleich.

Sodann gibt es eine Vielzahl von Adjektiven, die der konsonantischen Deklination angehören; sie sind 1-endig (μάκαρ; selig), 2-endig (σώφρων, σῶφρον; klug) oder 3-endig (πᾶς, πᾶσα, πᾶν; jeder, ganz), wobei die feminine Form dann nach der a-Deklination dekliniert wird. Die beiden 3-endigen Adjektive μέγας, μεγάλη, μέγα (groß) und πολύς, πολλή, πολύ (viel) bilden die meisten Formen nach der o- und a-Deklination (Grammatik!).

> **LERNTIPP**
>
> Deklinieren Sie die oben genannten Beispiele; kontrollieren Sie sich selbst mithilfe Ihrer **Grammatik**. Folgende Regeln helfen:
>
> - Im **Lexikon** gibt die Ziffer hinter der Nennform Auskunft über die Endigkeit.
> - Bei 2-endigen Adjektiven hat das Femininum keine eigenen Formen. Das **Neutrum** ist dem Maskulinum ähnlich, die Endung ist aber kürzer – und es gilt, wie bei Substantiven: Nom. und Akk. sind gleich; Nom. und Akk. Pl. enden auf α!

Adjektive steigern

Positiv:	gerecht	**Komparativ:**	gerechter	**Superlativ:**	gerechtester
	δίκαιος		δικαιό-τερος		δικαιό-τατος
	weise		weiser		weisester
	σοφός		σοφώ-τερος		σοφώ-τατος

Komparativ und Superlativ sind 3-endig und werden nach der a- und o-Dekl. dekliniert.

Einige sehr gebräuchliche Adjektive wie καλός und κακός werden anders gesteigert:
auf ιων   2-endig   kons. Dekl.   im **Komparativ**,
auf ιστος   3-endig   a- und o-Dekl.   im **Superlativ**.

Vollends unregelmäßig ist die Steigerung der wichtigsten Adjektive
ἀγαθός, κακός, μέγας, μικρός, ὀλίγος, πολύς sowie ῥάδιος.

> **LERNTIPP**
>
> Machen Sie sich mit der Komparation der Adjektive in Ihrer **Grammatik** vertraut. Lernen Sie die Komparation von
>
> ἀγαθός – κακός; μέγας – μικρός; ὀλίγος – πολύς „paarweise" auswendig.

SCHRITT 5: HANDELN UND BEHANDELT WERDEN — PRAXIS

Die Göttin Areté stellt sich dem jungen Herakles vor. Lesen und gliedern Sie (μέν … δέ, καί … καί, οὔτε … οὔτε). Übersetzen Sie.

Ἐγὼ δὲ σύνειμι μὲν θεοῖς, σύνειμι δὲ
ἀνθρώποις τοῖς ἀγαθοῖς· ἔργον δὲ καλὸν
οὔτε θεῖον οὔτ' ἀνθρώπειον χωρὶς ἐμοῦ γίγνεται.
Τιμῶμαι δὲ καὶ παρὰ θεοῖς καὶ παρὰ ἀνθρώποις,
ἀγαθὴ μὲν συλλήπτρια τῶν ἐν εἰρήνῃ πόνων,
βεβαία δὲ τῶν ἐν πολέμῳ σύμμαχος ἔργων,
ἀρίστη δὲ φιλίας κοινωνός. Καὶ οἱ μὲν νέοι
τοῖς τῶν πρεσβυτέρων ἐπαίνοις χαίρουσιν,
οἱ δὲ πρεσβύτεροι ταῖς τῶν νέων τιμαῖς
ἀγάλλονται. Δι' ἐμὲ φίλοι μὲν θεοῖς εἰσιν,
ἀγαπητοὶ δὲ φίλοις, τίμιοι δὲ δήμῳ.
Μετὰ δὲ τὴν τοῦ βίου τελευτὴν …
μετὰ μνήμης τὸν ἀεὶ χρόνον ὑμνοῦνται.

Nach Xenophon, Memorabilia 2,1,32 f. = Prodikos Fr. 2

ἔργον, ου, τό	…………	τίμιος, (α,) ον	geehrt
θεῖος, α, ον	…………	δῆμος, ου, ὁ	…………
ἀνθρώπειος, α, ον	…………	τελευτή, ῆς, ἡ	…………
συλλήπτρια	Helferin	μνήμη, ης, ἡ	…………
πόνος, ου, ὁ	…………	χρόνος, ου, ὁ	…………
βέβαιος, α, ον	…………	σύνειμι + Dat.	…………
πόλεμος, ου, ὁ	…………	τιμῶμαι = Passiv von	…………
σύμμαχος	Verbündete	χαίρω + Dat.	sich freuen über
φιλία, ας, ἡ	…………	ἀγάλλομαι	sich freuen über
κοινωνός	Teilhaber(in)	ὑμνοῦνται = Passiv von	…………
νέοι, ων, οἱ	die jungen Männer	χωρίς + …………	ohne
ἔπαινος, ου, ὁ	Lob	παρά + …………	bei
τιμή, ῆς, ἡ	…………	μετά + …………	nach
φίλος (η, ον)	freund; subst.: Freund	ἀεί (Adverb)	immer
ἀγαπητός, ή, όν	…………		

Zusatzaufgabe
Unterstreichen Sie Worte (Wortgruppen), die in attributiver Stellung stehen (S. 22).

SCHRITT 5: HANDELN UND BEHANDELT WERDEN

Die Genera Verbi: am Präsensstamm

Im Griechischen gibt es 3 Genera Verbi: Aktiv, Medium und Passiv (S. 24); am Präsensstamm sind die Endungen des **Mediums** und des **Passivs** gleich (S. 28):

Haupttempusendungen	inklusive Themavokal:
μαι, σαι, ται, μεθα, σθε, νται	ο-μαι, ῃ (< ε-σαι), ε-ται, ό-μεθα, ε-σθε, ο-νται
Nebentempusendungen (S. 32)	inklusive Themavokal:
μην, σο, το, μεθα, σθε, ντο	ο-μην, ου (< ε-σο), ε-το, ό-μεθα, ε-σθε, ο-ντο

Deponentien mit medialen bzw. passiven Endungen übersetzen Sie **wie Aktiv** (S. 24+28).

ἔρχομαι – gehen ἄρχομαι – anfangen
πείθομαι – gehorchen γίγνομαι – werden, geschehen

Bei allen anderen Verben ist das Genus Verbi zu beachten und umzusetzen.

Aktiv

Aktiv bedeutet: Das Subjekt handelt, evtl. an einem oder mehreren Objekten.

Οἱ πρεσβύτεροι ὑμνοῦσιν.	Die alten Männer singen.	**ohne Objekt**
Τιμῶ τοὺς νέους.	Ich ehre die jungen Männer.	**mit Objekt**

Medium

Medium bedeutet: Das Subjekt handelt, evtl. an einem oder mehreren Objekten – mit Rückbezug auf sich selbst (reflexiv).

Ἀπολογοῦμαι.	Ich verteidige **mich**.	**ohne Objekt**	direkt-reflexiv
Τιμῶμαι τὸ ἀγαθόν.	Ich – **für meinen Teil** – ehre das Gute.	**mit Objekt**	indirekt-reflexiv
Ἐπαίνους ὑμνοῦνται.	Sie singen Loblieder **auf sich selbst**.	**mit Objekt**	indirekt-reflexiv

Passiv

Passiv bedeutet: Das Subjekt ist „Opfer" der Handlung eines oder mehrerer anderer, die evtl. genannt werden (ὑπό, ἀπό, ἐκ, παρά, πρός + Gen.).

Τιμῶμαι δὲ καὶ παρὰ θεοῖς.	Ich werde bei den Göttern geehrt.
Τὸν ἀεὶ χρόνον ὑμνοῦνται.	Sie werden in Ewigkeit besungen.

SCHRITT 5: HANDELN UND BEHANDELT WERDEN — **PRAXIS**

Deponens oder nicht? Sehen Sie zur Sicherheit im **Lexikon** nach.

> ἔρχεται, διδάσκεται, γίγνεται, παιδεύεται, σκανδαλίζεται, ἐκπλήσσεται, οἴεται, φονεύεται, κλέπτεται, ἀγαπᾶται, προσεύχεται, σῴζεται

Deponentien

....

....

....

....

Übersetzen Sie – oben einmal, unten zweimal (als Medium, als Passiv). Für die mediale Übersetzung ist sprachliche Kreativität gefordert.

Echt Medium, echt Passiv

Wie verstehen und übersetzen Sie die **Genera Verbi** in folgendem Satz (**Lexikon!**)?

Τότε <u>ἐξεπορεύετο</u> πρὸς αὐτὸν
Ἱεροσόλυμα καὶ πᾶσα ἡ Ἰουδαία καὶ πᾶσα ἡ περίχωρος τοῦ Ἰορδάνου,
καὶ <u>ἐβαπτίζοντο</u> ἐν τῷ Ἰορδάνῃ ποταμῷ ὑπ' αὐτοῦ
<u>ἐξομολογούμενοι</u>* τὰς ἁμαρτίας αὐτῶν.

Mt 3,5 　　　　　　　　　　　*Partizip Med./Pass.: gestehend*

THEORIE   SCHRITT 5: HANDELN UND BEHANDELT WERDEN

Kongruenz – Subjekt + Prädikat

Zwischen Subjekt und Prädikat eines Satzes bestehen sowohl eine inhaltliche als auch eine feste grammatische Bindung; letztere heißt **Kongruenz** (S. 20). In der Regel stehen Subjekt und Prädikat im selben Numerus:

Οἱ πρεσβύτεροι ὑμνοῦσιν.	Die alten Männer singen.	Plural
Τιμῶμαι τὸ ἀγαθόν.	Ich – für meinen Teil – ehre das Gute.	Singular
Τὸν ἀεὶ χρόνον ὑμνοῦνται.	Sie werden in Ewigkeit besungen.	Plural

Aufgrund der starken Aussagekraft der Prädikatsendungen muss das Subjekt allerdings nicht geschrieben werden (S. 28): Im 2. Beispielsatz „fehlt" das ἐγώ, im 3. wäre das Subjekt aus dem Textzusammenhang zu ergänzen, z. B. οἱ νέοι.

Eine Ausnahme sind Subjekte im **Neutrum Plural** – ihr Prädikat steht im Singular.

τὰ κακὰ δένδρα καρποὺς κακοὺς ποιεῖ.	Die schlechten Bäume tragen schlechte Früchte.
πάντα οὖν ἐκκόπτεται.	Sie werden daher alle abgehauen.
πάντα ῥεῖ.	„Alles [= alle Dinge] fließt."

(Kollektiver Singular, etwa wie deutsch: Büsche = Ge-büsch)

Die inhaltliche Bindung

Aktiv
Subjekt ⟶ Prädikat   Das Subjekt ist „Täter" im weitesten Sinn.

Medium
Subjekt ⟶ Prädikat   Das Subjekt ist „Täter" im weitesten Sinn –
      ⟵   die Tat fällt auch auf das Subjekt zurück.

Passiv
Subjekt ⟵ Prädikat   Das Subjekt ist „Opfer" im weitesten Sinn.

Um in diesem Genus Verbi den „Täter" mit anzugeben, verwendet das Griechische eine adverbiale Bestimmung oder den Dativ des Urhebers.

Τιμῶμαι ὑπὸ τῶν θεῶν.	am gebräuchlichsten:	ὑπό + Gen.
Τιμῶμαι παρὰ τοῖς θεοῖς.	gelegentlich:	παρά + Dat.
Τοῖς θεοῖς τετίμημαι.	beim Perfekt (später)	Dativ des Urhebers

SCHRITT 5: HANDELN UND BEHANDELT WERDEN — PRAXIS

Übersetzen Sie die folgenden **Deponentien** so, dass ihr ursprünglich medialer oder passiver Charakter deutlich wird:

Beispiel: ἔρχομαι – gehen   Ich setze **mich** in Bewegung.

ἄρχομαι – anfangen   ....

οἴχομαι – eilen   ....

πείθομαι – gehorchen   ....

οἴομαι – meinen   ....

γίγνομαι – werden, geschehen   ....

δύναμαι – können   ....

Im **Lexikon** steht hinter der Nennform des Verbs „d.m." oder „d.p." für Deponens Medium bzw. Deponens Passiv.

In einem **Definitionsdialog** über das Gute befragt Sokrates seinen Gesprächspartner Euthyphron über das ὅσιον, das Gottgefällige und Fromme – übersetzen Sie und versuchen Sie, Euthyphrons Rückfrage zu beantworten.

Σ.· Ἆρα τὸ ὅσιον, ...

ὅτι ὅσιόν ἐστιν, ...

φιλεῖται ὑπὸ τῶν θεῶν, ...

ἤ, ...

ὅτι φιλεῖται, ...

ὅσιόν ἐστιν;   ....

Ε.· Οὐκ οἶδα, ...

ὅ τι λέγεις, ὦ Σώκρατες.   ....

Σ.· Ἀλλ' ἐγὼ πειράσομαι   ....

σαφέστερον φράσαι.   ....

Platon, Euthyphron 10a

ἆρα … ἤ   „Ist es so … oder so … ?"   οἶδα   = ich weiß

φιλέω   ....   πειράσομαι   = ich werde versuchen

ὑπό + Gen.   von, durch   σαφής, ές 2   ....

        φράσαι   = zu erklären

THEORIE — SCHRITT 5: HANDELN UND BEHANDELT WERDEN

Das Partizip

Das Partizip ist eine Verbform, die wie ein Nomen dekliniert wird, genauer wie ein Adjektiv: 3-endig (kons. bzw. a- und o.-Dekl.; vgl. S. 48)

Aktiv	Medium	Passiv
ὤν, οὖσα, ὄν (Gen. ὄντος)		
λέγων, λέγουσα, λέγον	ἐρχόμενος, -μένη, -μενον	καλούμενος, -μένη, -μενον
ἰδών, ἰδοῦσα, ἰδόν	γενόμενος, -μένη, -μενον	

ὤν, οὖσα, ὄν ist das Partizip von εἰμί. ἰδών und γενόμενος sind Partizipien vom starken Aoriststamm – Sie werden so gebildet wie die des Präsensstamms (Ausnahme: **Akzent**!). Wie der Imperativ des Aorists so haben auch seine Partizipien kein Augment – also: nicht die Vergangenheit, sondern der Aspekt wird ausgedrückt: einmalig, plötzlich (S. 32+40).

LERNTIPP

Es gibt im Deutschen zwei Partizipien: I. redend, kommend, sehend bzw. II. geredet, gekommen, gesehen; sie stimmen mit dem, was griechische Partizipien (insgesamt 12 verschiedene!) ausdrücken, nur bedingt überein. – Am ehesten passen das deutsche Partizip I und das griechische Partizip Aktiv (bzw. Medium/Passiv eines Deponens) zusammen: λέγων – redend; ἰδών – sehend; ἐρχόμενος – kommend. Um ein griechisches Partizip Passiv wörtlich zu übersetzen, wäre zusätzlich das Partizip I von „werden" zu bilden: gerufen werdend.

Funktionen des Partizips im Satz

Das Partizip kann als ein Attribut ein Nomen näher bestimmen oder es beschreibt wie ein Adverb bzw. eine Adverbiale Bestimmung eine Nebenhandlung des Prädikats.

Gelobt sei, <u>der da kommt</u> im Namen d. H.	…<u>εὐλογούμενος</u> ὁ <u>ἐρχόμενος</u> ἐν ὀνόματι κυρίου
Maria, <u>genannt</u> Magdalene	Μαρία ἡ <u>καλουμένη</u> Μαγδαληνή
Sie fragten ihn <u>und sprachen</u>:	Ἐπηρώτησαν αὐτὸν <u>λέγοντες</u>·
<u>Als er sie sah</u>, sagte er …	<u>Ἰδὼν</u> δὲ αὐτὴν εἶπεν αὐτῇ …

Ü-TIPP

Bezüge beachten!

Das **Partizip als Attribut** ist mit dem Artikel angebunden (S. 22); übersetzen Sie wörtlich, d. h. mit deutschem Partizip, oder mit **Relativsatz**.

Das **Partizip als Adverb** steht ohne Artikel; übersetzen Sie als eigenen Hauptsatz oder als Nebensatz mit **als/nachdem, weil/da, indem/wobei, obwohl, wenn**.

SCHRITT 5: HANDELN UND BEHANDELT WERDEN **PRAXIS**

Entscheiden Sie bei folgenden Partizipialfügungen (aus den Schritten 1–3), ob sie attributiv oder adverbial verwendet werden. Finden Sie eine gute eigene Übersetzung.

Ἰησοῦς … διώδευεν κατὰ πόλιν καὶ κώμην … ……………………………………………………
εὐαγγελιζόμενος τὴν βασιλείαν τοῦ θεοῦ. ……………………………………………………

Schritt 1, S. 13

Ἐλθόντες δὲ κατὰ τὴν Μυσίαν ……………………………………………………
ἐπείραζον εἰς τὴν Βιθυνίαν πορευθῆναι. ……………………………………………………

Schritt 2, S. 23

Παρελθόντες δὲ τὴν Μυσίαν ……………………………………………………
κατέβησαν εἰς Τρῳάδα. ……………………………………………………

Schritt 2, S. 23

Μέσος ὑμῶν ἕστηκεν, ὃν ὑμεῖς οὐκ οἴδατε, ……………………………………………………
ὁ ὀπίσω μου ἐρχόμενος … ……………………………………………………

Schritt 2, S. 26

Ἰδὼν δὲ αὐτὴν ὁ Ἰησοῦς ……………………………………………………
προσεφώνησεν καὶ εἶπεν αὐτῇ … ……………………………………………………

Schritt 3, S. 31

Εὐχαριστοῦμεν τῷ θεῷ πάντοτε … , ……………………………………………………
μνείαν ποιούμενοι ἐπὶ τῶν προσευχῶν ἡμῶν. ……………………………………………………

Schritt 3, S. 31

Καταβὰς δὲ διὰ τούτου τοῦ πεδίου ……………………………………………………
ἤλασε … εἰς Ταρσούς ……………………………………………………

Schritt 3, S. 35

… καὶ πολλοὶ ἀκούοντες ……………………………………………………
ἐξεπλήσσοντο λέγοντες … ……………………………………………………

Schritt 3, S. 36

EXAMEN — SCHRITT 5: HANDELN UND BEHANDELT WERDEN

Die Erziehung des persischen Prinzen Kyros

Πρῶτον μὲν γὰρ ἔτι παῖς ὤν, ...

ὅτ' ἐπαιδεύετο ....

καὶ σὺν τῷ ἀδελφῷ καὶ σὺν τοῖς ἄλλοις παισίν, ...

πάντων πάντα κράτιστος ἐνομίζετο. ....

πάντες γὰρ οἱ τῶν ἀρίστων Περσῶν παῖδες ....

ἐπὶ ταῖς βασιλέως θύραις παιδεύονται … ....

θεῶνται δ' οἱ παῖδες ....

καὶ τιμωμένους ἐνίους ὑπὸ βασιλέως ....

καὶ ἀκούουσι καὶ ἄλλους ἀτιμαζομένους, ...

ὥστε εὐθὺς παῖδες ὄντες ....

μανθάνουσιν ἄρχειν τε καὶ ἄρχεσθαι. ....

Xenophon, Anabasis 1,9,2–4

Nach dem ersten Lesen des Textes: Nennen und bestimmen Sie die unregelmäßigen Steigerungsformen (S. 48):

☐ = ... ☐ = ...

von .... von ....

Markieren Sie die Prädikate — rot: Aktiv — blau: Medium/Passiv.
Markieren Sie die Partizipien — orange: Aktiv — grün: Medium/Passiv.

Übersetzen Sie den Text — noch fehlende Vokabeln schlagen Sie im **Lexikon** nach.

θύρα, ας, ἡ	Tür, Pl.: Palast
βασιλεύς, έως, ὁ	König
ἔνιοι, αι, α	einige, manche
θεάομαι	betrachten, anschauen; *mit A.c.P.* (→ Grammatik!): dabei zuschauen, wie …
μανθάνω	lernen
ἄρχω	herrschen
ἄρχειν τε καὶ ἄρχεσθαι	herrschen und beherrscht werden (Infinitiv Akt. + Pass.)
νομίζω	glauben; *mit doppeltem Akk.:* halten für
πρῶτον (Adverb)	zuerst
ἔτι (Adverb)	noch
πάντα	*hier:* in allem
ὅτε (Konjunktion)	als
εὐθύς (Adverb)	von Anfang an
ὥστε (Konjunktion)	so dass; daher

Zusatzaufgabe
Lernen Sie in der **Grammatik** die Deklination von βασιλεύς – kons. Stämme auf -ευ.

Schritt 6: Sich beziehen

Sie können

- Satzglieder ordnen und übertragen
- Partizipialkonstruktionen abgrenzen und auflösen

Sie deuten

- Wörter im Hinblick auf ihre Funktion im Satz
- Strukturen und Beziehungen im Satz

Sie kennen

- das Genuskennzeichen θ(η) – die sechste Stammform
- literarische Zeugnisse für Erfahrungen religiöser Bindung

Vertrauen und Glauben stehen im Mittelpunkt der Textausschnitte: Sie stammen aus einem weiteren **Platon**-Dialog, dem **Menexenos**, aus der neutestamentlichen **Apokalypse**, der **Anabasis** und dem **Matthäus**evangelium.

SCHRITT 6: SICH BEZIEHEN

Attribut: Adjektiv, Partizip, Substantiv – und: Adverb!

Der bestimmte Artikel bindet Attribute an ihr Beziehungswort (S. 22):

τὸ πονηρὸν δένδρον	der schlechte Baum
ὁ κύριος ὁ ἐρχόμενος	der kommende Herr

Das gilt für Adjektive und Partizipien wie für Genitive (Genitivattribut):
τοῖς τῶν πρεσβυτέρων ἐπαίνοις χαίρουσιν (S. 49). So weit entspricht es auch dem deutschen Sprachgebrauch. Der griechische Artikel kann aber mehr:

συλλήπτρια τῶν ἐν εἰρήνῃ πόνων	Helferin „der – im Frieden – Mühen"
τῶν ἐν πολέμῳ σύμμαχος ἔργων	Mitstreiterin „der – im Krieg – Werke"
τὸν ἀεὶ χρόνον	„die – immer – Zeit"

Durch die Stellung zwischen Artikel und Beziehungswort werden im Griechischen sogar adverbiale Bestimmungen zu Attributen.

Ü-TIPP

Sinngemäß übersetzen!

Die Beispiele zeigen: Wort für Wort korrekt – das ist noch keine Übersetzung. Dem ersten Schritt – Bestandsaufnahme – folgt der zweite:

So nah wie möglich am Ursprungstext – so klar wie möglich im Deutschen.

Im Beispiel: Das Deutsche kann im Gegensatz zum Griechischen weder Adverb noch Adverbiale Bestimmung zum Attribut machen; weichen Sie aus, indem Sie zulässige deutsche Attribute bilden – adjektivische oder Genitivattribute:

Helferin in den Mühen des Friedens, Mitstreiterin in den Werken des Krieges, die ewige Zeit.

Substantiviert: Adjektiv, Verb, Partizip – und: Partikel, Adverb!

Der bestimmte Artikel substantiviert alle Wortarten, die zu ihm treten (S. 22):
τὸ ἀγαθόν = das Gute, ὁ ποιῶν = der „Machende". Das gilt für Adjektive, Zahlwörter und Partizipien wie für Infinitive (später!). So weit entspricht es auch dem deutschen Sprachgebrauch. Der griechische Artikel kann aber mehr:

Artikel + Partikel	Wort für Wort	Übersetzt
ὁ μέν … ὁ δέ	der zwar … der aber	der eine … der andere

Artikel + Partikel	Wort für Wort	Übersetzt
οἱ νῦν	die heute	die heute lebenden Menschen

SCHRITT 6: SICH BEZIEHEN — PRAXIS

Lesen Sie die beiden Hymnen – auf Gott und Mutter Erde. Bestimmen Sie Partizipien und Artikel – ihre Stellung und Beziehungen im Satz.

1 Χάρις ὑμῖν καὶ εἰρήνη ....

2 ἀπὸ „ὁ ὤν" καὶ „ὁ ἦν" καὶ „ὁ ἐρχόμενος"... ....

3 Τῷ ἀγαπῶντι ἡμᾶς ....

4 καὶ λύσαντι ἡμᾶς ἐκ τῶν ἁμαρτιῶν ἡμῶν ....

5 ἐν τῷ αἵματι αὐτοῦ ... .

6 αὐτῷ ἡ δόξα καὶ τὸ κράτος ....

7 εἰς τοὺς αἰῶνας τῶν αἰώνων. Ἀμήν. ....

Offb 1,4-6

2 ἦν = ?   Was wird hier substantiviert? (vgl. S. 38)
3 τῷ   Das Beziehungswort des Artikels steht in Zeile 6!
4 λύσαντι Von welchem Stamm ist das Partizip gebildet? Sinn?

αἷμα, ατος, τό Blut   κράτος, ους, τό Kraft
δόξα, ης, ἡ   Ruhm   αἰών, ῶνος, ὁ   Zeitalter

Μόνη γὰρ ἐν τῷ τότε καὶ πρώτη ....

τροφὴν ἀνθρωπείαν ἤνεγκεν ....

τὸν τῶν πυρῶν καὶ κριθῶν καρπόν, ...

<u>ᾧ κάλλιστα καὶ ἄριστα</u>   womit ... aufs Schönste und Beste

τρέφεται τὸ ἀνθρώπειον γένος, ...

<u>ὡς τῷ ὄντι</u>   als eine, die ....

τοῦτο τὸ ζῷον αὐτὴ γεννησαμένη. ....

Platon, Menexenos 237e-238a

μόνος, η, ον   einzig   ζῷον, ου, τό   Lebewesen
πρῶτος, η, ον   der, die, das Erste φέρω, ἤνεγκον   tragen (starker Aorist!)
τροφή, ῆς, ἡ   Ernährung   τρέφω   ernähren
πυρός, οῦ, ὁ   Weizen   γεννάω   gebären
κριθή, ῆς, ἡ   Gerste   τῷ ὄντι   (von .... , vgl. S. 54)
γένος, γένους, τό Geschlecht, Art   wirklich (Adverb)

Zusatzaufgaben

Welche Ihnen bekannten Formen stecken in κάλλιστα καὶ ἄριστα bzw. τῷ ὄντι? Bestimmen Sie das Genus Verbi von τρέφεται bzw. γεννησαμένη.

THEORIE — SCHRITT 6: SICH BEZIEHEN

Die Genera Verbi: am Aoriststamm

Im **Aorist** treten Medium und Passiv auseinander. Das **Medium** verwendet, wie das Aktiv, das Aoristkennzeichen σ(α), dazu die **medialen** Nebentempusendungen:

ἐτιμη-σά-μην	ich ehrte (für mich)	ὑμνή-σά-μεθα	wir sangen (für uns)
ἐτιμή-σω (< σα-σο)	du ehrtest (für dich)	ὑμνή-σα-σθε	ihr sangt (für euch)
ἐτιμή-σα-το	er ehrte (für sich)	ὑμνή-σα-ντο	sie sangen (für sich)

Der **schwache Aorist Passiv** hat – statt σ(α) – das Kennzeichen θη, an das sich **aktive** Nebentempusendungen fügen:

ἐτιμή-θη-ν	ich wurde geehrt	ὑμνή-θη-μεν	wir wurden besungen
ἐτιμή-θη-ς	du wurdest geehrt	ὑμνή-θη-τε	ihr wurdet besungen
ἐτιμή-θη-	er wurde geehrt	ὑμνή-θη-σαν	sie wurden besungen

> ἐτιμή-θη-ν ist die **sechste Stammform** der Stammformenreihe (S. 108).
> Wie im Aktiv gibt es auch im Passiv neben den schwachen **starke Aoriststämme**. So unregelmäßig sie sind, haben sie im Indikativ vor der Personalendung immer das η als Kennzeichen, wohingegen das θ fehlt, z. B. ἐγράφην – „ich wurde geschrieben" zu γράφω. Hier hilft nur Stammformen-Lernen!

Das Aorist-Passiv-Kennzeichen θ(η)

Ebenso tritt θη ein, um einem **Imperativ** vom Präsensstamm Plötzlichkeit und Einmaligkeit zu verleihen:

πορεύου	wandere (immer so weiter)!	πορεύθητι	brich (jetzt) auf! Los!
πορεύεσθε	wandert (immer so weiter)!	πορεύθητε	brecht (jetzt) auf! Los!

Sodann tritt θ ein, um einem **Partizip** vom Präsensstamm Plötzlichkeit und Einmaligkeit zu verleihen:

τιμώμενος, τιμωμένη, τιμώμενον	einer (eine, eines), der (die, das) geehrt wird
τιμηθείς, τιμηθεῖσα, τιμηθέν	einer (eine, eines), der (die, das) auf einmal geehrt wird

LERNTIPP

Das Passiv hat in Ihrer **Grammatik** eine eigene Seite – vergleichen Sie sie mit der Seite zum „Medium": Nur Aorist und Futur haben eigene Formen. Lernen Sie ökonomisch – nicht alle Formen im Einzelnen; schulen Sie den aufmerksamen Blick für das θ(η). Die starken Aorist-Passiv-Formen lernen Sie später systematisch (ab Schritt 10).

- Deklinieren Sie das Partizip Passiv Aorist   -θείς, -θέντος ...
- im Vergleich zum Partizip Passiv Präsens   -μενος, -μένου ...
- im Vergleich zum Partizip Medium Aorist   -σάμενος, -σαμένου ...

SCHRITT 6: SICH BEZIEHEN — PRAXIS

Von StF 1 zu StF 6

… bzw. zu Formen des Aorist Passiv: Bilden Sie aus dem vorgegebenen Material mögliche Formen – ggfs. mit Augment! – und übersetzen Sie.

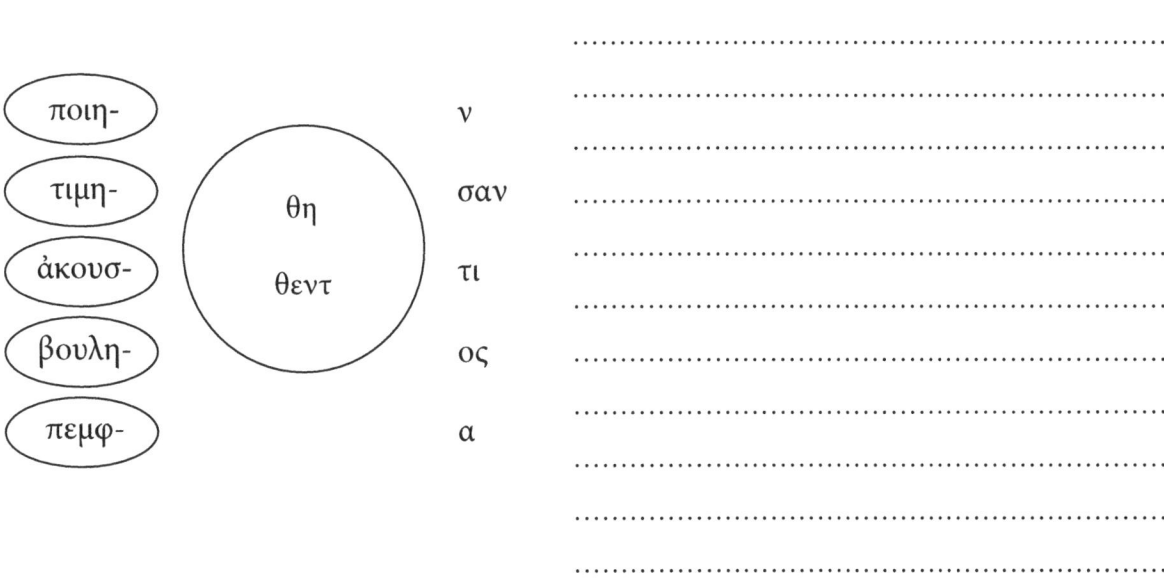

Aus der Bergpredigt

Betrachten Sie die Verbformen – markieren Sie das Passivkennzeichen θη.

Μὴ κρίνετε, ἵνα μὴ κριθῆτε.
Ἐν ᾧ γὰρ κρίματι κρίνετε, κριθήσεσθε,   κρι-θή-σ-εσθε = Futur Passiv (S. 80)
καὶ ἐν ᾧ μέτρῳ μετρεῖτε, μετρηθήσεται ὑμῖν.   μετρη-θή-σ-εται = Futur Passiv (S. 80)

Mt 7,1-2

        κρίνω   urteilen   κρίμα, ατος, τό   Urteil
        μετρέω   messen   μέτρον, ου, τό   Maß(stab)

Bestimmen Sie das unterstrichene Verb – von welchem Stamm ist es gebildet? Finden Sie die Wahl des Autors sachgemäß?

Πάντα οὖν, ὅσα ἐὰν θέλητε,
ἵνα ποιῶσιν ὑμῖν οἱ ἄνθρωποι,
οὕτως καὶ ὑμεῖς <u>ποιεῖτε</u> αὐτοῖς·
οὗτος γάρ ἐστιν ὁ νόμος καὶ οἱ προφῆται.

Mt 7,12

        πάντα, ὅσα   alles, was   ἐάν (+ Konjunktiv) *hier wie* ἄν: *auch immer*

THEORIE — SCHRITT 6: SICH BEZIEHEN

Wortarten und Satzglieder

Wenn aus Wörtern ein Satz wird, übernehmen diese Wörter bestimmte Funktionen – sie werden zu Satzgliedern.

Als **Subjekt** kommen in Frage: Nomen und Pronomen im Nominativ, die Endung des Prädikats.
Als **Prädikat** kommen in Frage: ein konjugiertes Vollverb, ein konjugiertes Hilfsverb (mit Infinitiv), das Hilfsverb εἰμί mit Prädikatsnomen; evtl. das Prädikatsnomen allein (Ellipse; S. 38).

Um **Subjekt und Prädikat** gruppieren sich Satzglieder.

Subjekt	Prädikat
Das **Attribut** nennt Merkmale, die das Subjekt charakterisieren. Als Attribut kommen in Frage: Adjektive (sonstige, S. 58) Substantive/Pronomen im Genitiv Partizipien mit Artikel (S. 54) Relativsätze	Die **Adverbiale Bestimmung** nennt Begleitumstände, die das Prädikat charakterisieren. Als Adv. Best. kommen in Frage: Adverbien (S. 114) Nomen in Kasus mit Adverbialfunktion (S. 72) Partizipien ohne Artikel (S. 54) Gliedsätze Präpositionale Ausdrücke
	Das **Objekt** orientiert darüber, wen das Prädikat betrifft, auf wen oder was es wirkt, wem es gilt … Als Objekt kommen in Frage: Deklinierte Nomen und Pronomen. Die Nomen können **Attribute** haben!

Ü-TIPP

Beziehungen erkennen!

Sätze sind nur übersetzbar, wenn die Satzglieder erkannt und in ihren Beziehungen korrekt übertragen werden. Markieren Sie in unübersichtlichen Satzstrukturen:

Subjekt (und Attribute), Prädikat (und Adverbiale, ggf. Prädikatsnomen), Objekte, adverbiale Bestimmungen, bevor Sie übersetzen.

SCHRITT 6: SICH BEZIEHEN — PRAXIS

Markieren Sie
- **Subjekt** und das, was das Subjekt erläutert, in einer Farbfamilie: **rot, orange**;
- **Prädikat** und das, was das Prädikat erläutert, in einer zweiten Farbfamilie:
  dunkelblau: Prädikat, **blau**: Adverbiale/Adverbiale Bestimmungen, **grün**: Objekte.

Xenophon erzählt in der **Anabasis** weiter, dass Kyros ein Söldnerheer aufstellt. Epyaxa, die Frau des Syennesis, des Königs von Kilikien, zieht Kyros entgegen.

1	Ἐνταῦθα ἀφικνεῖται Ἐπύαξα,
2	ἡ Συεννέσιος γυνή,
3	τοῦ Κιλίκων βασιλέως,
4	παρὰ Κῦρον.
5	Καὶ ἐλέγετο Κύρῳ δοῦναι
6	χρήματα πολλά.
7	Τῇ δ' οὖν στρατιᾷ τότε ἀπέδωκε Κῦρος
8	μισθὸν τεττάρων μηνῶν.
9	Εἶχε δὲ ἡ Κίλισσα φυλακὴν περὶ αὑτήν,
10	Κίλικας καὶ Ἀσπενδίους.

Xenophon, Anabasis 1,2,12

Zeile 5   Passiv von λέγω + Infinitiv (δοῦναι = geben); *hier wörtl.:* „sie wurde gesagt, … gegeben zu haben" = „man sagte, dass sie gegeben habe" oder: „sie gab, wie man sagte, …"
Zeile 7   δίδωμι = geben; der Wurzelaorist heißt: ἔδωκα; ἀπο-δίδωμι = (ab-)geben
Zeile 10   Einwohner von … und Aspendos.

χρήματα, χρημάτων, τά	Geld	ἀφικνέομαι	ankommen
στρατιά, ᾶς, ἡ	Heer	δίδωμι, ἔδωκα	geben
μισθός, οῦ, ὁ	Lohn		
τεττάρων μηνῶν	„für 4 Monate"	παρά + Akk.	zu … hin
φυλακή, ῆς, ἡ	Wache	περί + Akk.	um … herum
		ἐνταῦθα	da, dann
		τότε	da, dann, damals

Prädikat und Partizip

Das Partizip ist vom Verb gebildet (S. 54). Es kann ebenso wie ein Prädikat adverbiale Bestimmungen und Objekte an sich binden. Es regiert dann einen eigenen „Satz" innerhalb des Ursprungssatzes.

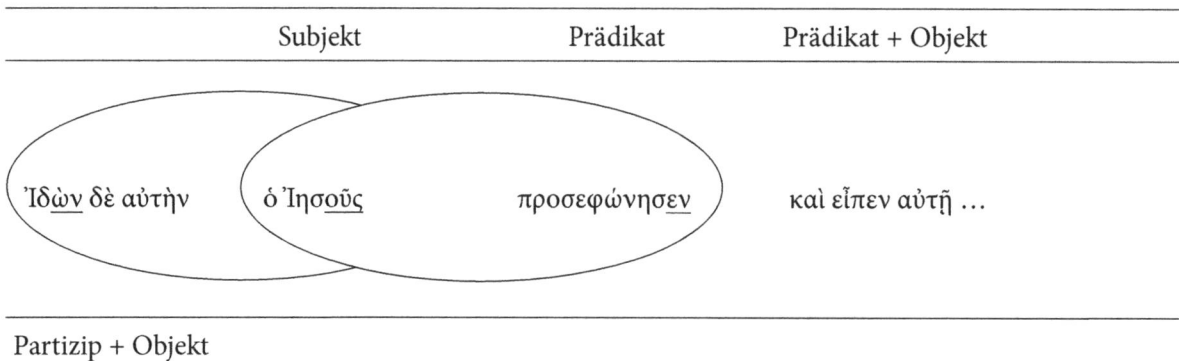

| Subjekt | Prädikat | Prädikat + Objekt |

Partizip + Objekt

Subjekt einer solchen **Partizipialkonstruktion** ist jeweils das Nomen, auf das sich das Partizip in KNG-Kongruenz (S. 20) bezieht:

Jesus sah sie.   Jesus sprach sie an.   Und Jesus sagte zu ihr:

Die Partizipialkonstruktion wird inhaltlich als Nebenhandlung aufgefasst. Im Beispiel gilt sie der **zeitlichen** Einordnung und Abfolge:
„Als Jesus sie sah, sprach er sie an und …" / „Jesus sah sie. Da sprach er sie an und …"

Ü-TIPP

Tempora beachten!

Das Partizip im Beispiel steht im Aorist – aber ohne Augment; d.h. es wird nicht mechanisch als „vorzeitig" aufgefasst, wohl aber mit Rücksicht auf den im Aorist ausgedrückten Aspekt: „Als er sie erblickte …", „Sobald er sie entdeckte …"

Subjekt und Partizip

Das Partizip wird dekliniert wie ein Nomen (S. 54) – keineswegs steht es immer im Nominativ. Gemäß den Regeln der **KNG-Kongruenz** kann das Partizip bzw. die Partizipialkonstruktion bei jedem Objekt (oder bei Adverbialen) stehen; diese sind dann sein „Subjekt":

ὁ Ἰησοῦς προσεφώνησεν	αὐτὴν	πολλὰ καὶ κακὰ φέρουσαν.
Jesus rief sie zu sich.		Sie trug vieles und Schweres.
Jesus rief	sie,	die vieles und Schweres trug, zu sich.
Jesus rief	sie zu sich,	weil sie vieles und Schweres trug.

SCHRITT 6: SICH BEZIEHEN — PRAXIS

Verschaffen Sie sich Überblick jeweils über einen Satz: Wo sind Subjekt, Prädikat? Wo sind Partizipien und auf welches Satzglied beziehen sie sich? Welche Objekte und Adverbien/Adverbiale Bestimmungen gehören zum Prädikat, welche zum Partizip (Sinn!)?

Διῆλθον δὲ οἱ ἀπόστολοι τὴν Φρυγίαν καὶ Γαλατικὴν χώραν κωλυθέντες ὑπὸ τοῦ ἁγίου πνεύματος λαλῆσαι τὸν λόγον ἐν τῇ Ἀσίᾳ.

κωλύω hindern; λαλῆσαι zu verkünden

Ἐλθόντες δὲ κατὰ τὴν Μυσίαν ἐπείραζον εἰς τὴν Βιθυνίαν πορευθῆναι, καὶ οὐκ εἴασεν αὐτοὺς τὸ πνεῦμα Ἰησοῦ.

ἐπείραζον πορευθῆναι = sie versuchten zu reisen

Παρελθόντες δὲ τὴν Μυσίαν κατέβησαν εἰς Τρῳάδα.

Apg 16,6–8 (vgl. Schritt 2, S. 23)

Geben Sie pro Satz zwei verschiedene Übersetzungen an:

Möglichkeit 1: ....

....

Möglichkeit 2: ....

....

Möglichkeit 1: ....

....

Möglichkeit 2: ....

....

Möglichkeit 1: ....

....

Möglichkeit 2: ....

....

EXAMEN — SCHRITT 6: SICH BEZIEHEN

Übersetzen Sie. Achten Sie auf Tempus, Genus Verbi und grammatische Beziehungen.

1. Καὶ ἐμβάντι αὐτῷ εἰς τὸ πλοῖον ....
2. ἠκολούθησαν αὐτῷ οἱ μαθηταὶ αὐτοῦ. ....
3. Καὶ ἰδοὺ σεισμὸς μέγας ....
4. ἐγένετο ἐν τῇ θαλάσσῃ, ...
5. ὥστε τὸ πλοῖον καλύπτεσθαι ....
6. ὑπὸ τῶν κυμάτων, ...
7. αὐτὸς δὲ ἐκάθευδεν. ....
8. Καὶ προσελθόντες ἤγειραν αὐτὸν λέγοντες· ....
9. „Κύριε, σῶσον, ἀπολλύμεθα." ....
10. Καὶ λέγει αὐτοῖς· ....
11. „Τί; δειλοί ἐστε, ὀλιγόπιστοι;" ....
12. Τότε ἐγερθεὶς ἐπετίμησεν ....
13. τοῖς ἀνέμοις καὶ τῇ θαλάσσῃ, ...
14. καὶ ἐγένετο γαλήνη μεγάλη. ....
15. Οἱ δὲ ἄνθρωποι ἐθαύμασαν λέγοντες· ....
16. „Ποταπός ἐστιν οὗτος, ...
17. ὅτι καὶ οἱ ἄνεμοι καὶ ἡ θάλασσα ....
18. αὐτῷ ὑπακούουσιν;" ....

Mt 8,23–27

Zeile 1   Das Partizip des Wurzelaorists von βαίνω heißt βάς (βᾶσα, βάν), Gen. βάντος.
Zeile 5   ὥστε ... καλύπτεσθαι: „so dass" mit Infinitiv Passiv (S. 70) statt Prädikat: „so dass ... bedeckt wurde"

σεισμός, οῦ, ὁ	Sturm	ἀκολουθέω	folgen
κῦμα, ατος, τό	Welle	καλύπτω	bedecken
δειλός, ή, όν	feige	καθεύδω	schlafen
ὀλιγόπιστος 2	kleingläubig	ἀπόλλυμαι	zugrunde gehen
ἄνεμος, ου, ὁ	Wind	ἐγείρω	(er)wecken
γαλήνη, ης, ἡ	Windstille	ἐπιτιμάω + Dat.	tadeln
ποταπός, ή, όν	was für ein ...?	ὑπακούω	gehorchen

Schritt 7: Spekulieren und verorten

Eine Kopfgeburt

Sie können

- Infinitive im Satz zuordnen und übersetzen
- Kasusfunktionen benennen

Sie deuten

- den Kasusgebrauch bei Präpositionen
- die Aktionsarten von Infinitiven

Sie kennen

- zwölf Infinitivendungen
- Präpositionen mit einem, zwei oder drei Kasus
- den Genitiv der Trennung, den instrumentalen Dativ, den Accusativus Graecus
- den Unterschied zwischen Realem und Möglichem

> Sowohl zur Philosophie als auch zur Staatskunst gehört es, Dinge zu Ende zu denken, die dem Bereich des Möglichen angehören: Ideale, Absichten, Strategien. Sie finden in verschiedenen Texten und Textsorten Niederschlag, sei es in **Platons** Staatsphilosophie, sei es in **Xenophons** Schilderung der Kriegsvorbereitungen des Kyros.

SCHRITT 7: SPEKULIEREN UND VERORTEN

Infinitiv: ohne Endung

Infinitive sind Verbformen, die keine Auskunft über ein Subjekt geben, weder über den Numerus noch über das Genus. Allein die Handlung wird ausgesagt – Aktiv oder Passiv, je nach Aspekt linear, d. h. andauernd (Präsensstamm), oder punktuell, d. h. plötzlich und einmalig (Aoriststamm).

Infinitiv: Formen

	Präsensstamm + Aktiv	Präsensstamm + Medium/Passiv	
Thematisch	ειν (< ε-εν)	ε-σθαι	ε-σθαι
Athematisch	ναι	σθαι	σθαι

	Aoriststamm + Aktiv	Aoriststamm + Medium/Passiv	
Stark	εῖν	έ-σθαι	ῆναι
Schwach	σαι	σα-σθαι	θῆναι
Wurzel-	ναι	–	–

Bei Verben wie τιμάω, ποιέω wird regelmäßig kontrahiert (S. 34):

τιμᾶν, ποιεῖν   τιμᾶσθαι, ποιεῖσθαι

LERNTIPP

Lernen Sie die Endungen der Infinitive auswendig (Grammatik); verbinden Sie sie mit den 13 Verben von Seite 24 (nur Präsens!). Für den Aorist beachten Sie:

- Infinitive im Aorist haben kein Augment!
- Um Infinitive von starken Aoriststämmen zu bilden, müssen Sie StF 3 + 6 kennen.

Infinitiv: Funktion

Infinitive stehen
- als Ergänzung zu Hilfsverben: βούλομαι ἰδεῖν – ich will ... sehen;
- als Inhalt eines Glaubens, Meinens, Planens und Befehlens: πειράζω λέγειν – ich versuche ... zu sagen;
- substantiviert beim neutralen Artikel: τὸ ἀγαπᾶν – das Lieben.

SCHRITT 7: SPEKULIEREN UND VERORTEN — PRAXIS

Übersetzen Sie.

τὸ ἀκούειν, τὸ γιγνώσκειν, τὸ γίγνεσθαι, ...

τὸ οἴεσθαι, τὸ πολεμῆσαι, τὸ διδόναι, ...

καλεῖσθαι, διαβαλέσθαι, ...

ἰδεῖν, ὁρᾶν, γενέσθαι ....

Versuchen Sie, beim Übersetzen des Infinitivs die Aktionsart mit auszudrücken.

Οὐ δύναται δένδρον ἀγαθὸν
καρποὺς πονηροὺς ποιεῖν,
οὐδὲ δένδρον σαπρὸν
καρποὺς καλοὺς ποιεῖν.

Schritt 2, S. 19

Κατήντησεν δὲ εἰς Δέρβην καὶ
εἰς Λύστραν, καὶ ἰδοὺ μαθητής τις
ἦν ἐκεῖ ὀνόματι Τιμόθεος.
Τοῦτον ἠθέλησεν ὁ Παῦλος σὺν αὐτῷ ἐξελθεῖν.

Schritt 1, S. 16

....
....
....
....
....

Διῆλθον δὲ οἱ ἀπόστολοι τὴν
Φρυγίαν καὶ Γαλατικὴν χώραν
κωλυθέντες ὑπὸ τοῦ ἁγίου
πνεύματος λαλῆσαι
τὸν λόγον ἐν τῇ Ἀσίᾳ.

Schritt 6, S. 65

Ἐλθόντες δὲ κατὰ τὴν Μυσίαν
ἐπείραζον εἰς τὴν Βιθυνίαν
πορευθῆναι, καὶ οὐκ εἴασεν αὐτοὺς
τὸ πνεῦμα Ἰησοῦ.

Schritt 6, S. 65

....
....
....
....
....

| κωλύω | hindern | πορεύομαι d. p. | wandern, reisen |
| λαλέω | reden, *hier:* verkünden | ἐάω | lassen, gestatten |

THEORIE   SCHRITT 7: SPEKULIEREN UND VERORTEN

Der Infinitiv von „sein" heißt εἶναι. Das (Hilfs-)verb „sein" hat keinen Aoriststamm; bei Bedarf wird der Infinitiv Aorist γενέσθαι (von γίγνομαι) verwendet.

Infinitiv: Sonderfunktionen

Bei unpersönlichen Ausdrücken steht der Infinitiv an der Stelle des Subjekts:

καλόν (ἐστι) εὖ ποιεῖν	Es ist schön/richtig, gut zu handeln; gut handeln ist schön/richtig.
ἔξεστιν καθεύδειν	Es ist erlaubt/möglich zu schlafen; schlafen ist erlaubt/möglich.
δεῖ ἐγείρεσθαι	Es ist nötig zu erwachen; aufwachen ist nötig.
δοκεῖ πορευθῆναι	Es empfiehlt sich/scheint richtig aufzubrechen.

Formelhaft sind persönliche Wendungen mit dem Infinitiv:

δοκῶ αἴτιος εἶναι	Ich scheine schuldig zu sein
δίκαιός εἰμι ἀπολογεῖσθαι	(„Ich bin gerecht, mich zu verteidigen" =) Ich habe das Recht/die Pflicht, mich zu verteidigen.
ἐλέγετο χρήματα δοῦναι	(„Sie wurde gesagt, dass sie ..." =) Man sagte, sie habe ...
λέγονται χρήματα δοῦναι	(„Sie werden gesagt, dass sie ..." =) Man sagt, sie hätten ...

Soll beim Infinitiv ein Urheber der Handlung mit genannt werden, der nicht zugleich Subjekt des übergeordneten Satzes ist, so steht er im Akkusativ; die Konstruktion heißt (in Anlehnung an die lateinische Grammatik) Accusativus cum Infinitivo – A. c. I.

νομίζω αἴτιος εἶναι –	Ich glaube, dass ich schuldig bin. aber:
νομίζω Κῦρον αἴτιον εἶναι	Ich glaube, dass Kyros schuldig ist.

Nebensätze mit ὥστε, deren Aussage (noch) nicht real ist, stehen mit Infinitiv (bzw. A. c. I.) anstatt Prädikat:

Mit Prädikat:	ὥστε εὐθὺς παῖδες ὄντες μανθάνουσιν ...	So dass sie schon als Kinder lernen ... *Schritt 5, S. 56*
Mit Infinitiv:	ὥστε τὸ πλοῖον καλύπτεσθαι	So dass das Schiff drohte unterzugehen. *Schritt 6, S. 66*

LERNTIPP

- ἔξεστιν, δεῖ, δοκεῖ – δοκῶ, λέγεται/λέγονται sind als Vokabeln zu lernen.
- Sammeln Sie Verben für das viel benutzte Wortfeld „glauben, meinen": δοκεῖ (μοι), νομίζω, οἴομαι ...

Unterstreichen Sie alle Infinitive. In welcher Funktion stehen sie: nach einem Hilfsverb, einem Verb des Glaubens, Planens, Entscheidens? In einer unpersönlichen Konstruktion? Mit Artikel? – Markieren Sie solche Hinweise. – Übersetzen Sie den Text.

Xenophon würdigt **Klearchos**, den spartanischen General in Kyros' Diensten.

1	Ταῦτα οὖν φιλοπολέμου	....
2	μοι δοκεῖ ἀνδρὸς ἔργα εἶναι,	....
3	ὅστις, ἐξὸν μὲν εἰρήνην ἄγειν	....
4	ἄνευ αἰσχύνης καὶ βλάβης,	....
5	αἱρεῖται πολεμεῖν,	....
6	ἐξὸν δὲ ῥᾳθυμεῖν,	....
7	βούλεται πονεῖν …,	....
8	ἐξὸν δὲ χρήματα ἔχειν ἀκινδύνως	....
9	αἱρεῖται πολεμῶν	....
10	μείονα ταῦτα ποιεῖν.	....

Xenophon, Anabasis 2,6,6

Zeile 1/2   ταῦτα … μοι δοκεῖ … ἔργα: Zur Subjekt-Prädikat-Kongruenz vgl. S. 52. Beurteilen Sie nach der Stellung im Satz: Welches Wort ist dem Autor am wichtigsten?
Zeile 3   ὅστις statt ὅς; der Relativsatz hat 3 Prädikate mit vorangestellter Partizipialkonstruktion (ἐξόν, Partizip von ἔξεστι, in Z. 3, 6, 8 ist konzessiv zu übersetzen: „obwohl es erlaubt war …").
Zeile 5/9   Beachten Sie das Genus Verbi.
Zeile 10   μείονα: vgl. unregelmäßige Komparation, S. 48.

φιλοπόλεμος 2	kriegsliebend	αἱρέομαι	wählen, sich nehmen
ἀνήρ, ἀνδρός, ὁ	Mann	ῥᾳθυμέω	sorglos sein
ἡ αἰσχύνη	Schande, Scham	πονέω	sich abmühen
ἡ βλάβη	Schaden	ἀκινδύνως (Adv.)	gefahrlos, sicher
ἄνευ + Gen.	ohne		

Zusatzaufgabe
Erweitern Sie Ihre Kenntnis unregelmäßiger Aoriste. Verbinden Sie jeweils StF 1 + StF 3:

τυγχάνω	treffen	ἔγνων
ἐλαύνω	treiben	ἤνεγκον
φέρω	tragen	ἤλασα
γιγνώσκω	erkennen	ἀφικόμην
ἀφικνέομαι	ankommen	ἔδωκα
δίδωμι	geben	ἔτυχον

THEORIE — SCHRITT 7: SPEKULIEREN UND VERORTEN

Verben und Objekte

Prädikate, Partizipien und Infinitive können Objekte bei sich haben (S. 62). Wie im Deutschen antworten sie im Griechischen auf die Fragen: Wessen, wem, wen/was?
Entgegen deutschem Sprachgebrauch steht aber zum Beispiel

- bei Verben des Erinnerns, Treffens bzw. Verfehlens, Sich Kümmerns und Wahrnehmens ein **Genitivobjekt**: μέλει μοι τῆς ἀρετῆς – Mir liegt am Gut-Sein.
- bei Verben der Nähe und Teilhabe, besonders Verben mit Vorsilben wie „συν" und „ἐπι", ein **Dativobjekt**: ἡ βασιλεία τοῦ θεοῦ παραβάλλεται ἀνδρί τινι ... – Das Reich Gottes wird verglichen mit einem Mann ...
- bei Verben des Nützens und Schadens, Fliehens, Verborgenseins ein **Akkusativobjekt**: κίνδυνον ἔφευγε – Er war dabei, der Gefahr zu entkommen.

Verben und adverbiale Bestimmungen

Im Griechischen stehen in besonderen Fällen freie Genitive, Dative oder Akkusative als adverbiale Bestimmungen. Das Deutsche verwendet präpositionale Ausdrücke.

- Auf die Fragen „wann?" und „weswegen (zürne ich, klage ich an)?" antwortet ein **Genitiv**: νυκτός = in der Nacht, nachts; φόνου = wegen Mordes. – Außerdem kann der Genitiv mit dem Komparativ und Superlativ stehen:
  Καλλίων ἐστὶν ῥόδων.   Sie ist schöner als Rosen.
  Καλλίστη πασῶν ἐστιν.   Sie ist die Schönste von allen (Frauen).
- Auf die Frage „womit?", „wodurch" antwortet ein **Dativ**: ἤνεγκεν τὸν καρπόν, ᾧ τρέφεται (S. 59) – Sie trug die Frucht, mit der sich ... ernährt. – Außerdem kann der Dativ als Urheber beim Passiv stehen (S. 52).
- Auf die Fragen „wie lange" und „wie weit" antwortet ein **Akkusativ**: τὸν ἀεὶ χρόνον (S. 49). – Außerdem kann er – als **Accusativus Graecus** – Bezüge herstellen: κράτιστος ἦν πάντα (S. 56) – Er war der Beste in allem/in Bezug auf alles.

LERNTIPP

Weitere Kasusfunktionen nennt die **Grammatik**. Wenn Kasuszuordnungen beim Übersetzen Probleme bereiten, sind Sonderfunktionen zu berücksichtigen. Probieren Sie Hilfsübersetzungen: Gen. „von", Dat. „für/mit", Akk. „in Bezug auf".

Gravierende Abweichungen vom deutschen Sprachgebrauch werden mit den Vokabeln gelernt, z. B. σύνειμι + Dat. (S. 49).

SCHRITT 7: SPEKULIEREN UND VERORTEN — PRAXIS

Sokrates erläutert dem Menexenos die Staatsverfassung Athens. Übersetzen Sie.

1 Καλεῖ δὲ ὁ μὲν αὐτὴν δημοκρατίαν, ...
2 ὁ δὲ ἄλλο ....
3 Ἔστι δὲ τῇ ἀληθείᾳ ....
4 μετ' εὐδοξίας πλήθους ἀριστοκρατία. ....
5 Βασιλῆς μὲν γὰρ ἀεὶ ἡμῖν εἰσιν· ....
6 οὗτοι δὲ τοτὲ μὲν ἐκ γένους, ...
7 τοτὲ δὲ αἱρετοί· ....
8 ἐγκρατὲς δὲ τῆς πόλεως ....
9 τὰ πολλὰ τὸ πλῆθος. ....
10 Τὰς δὲ ἀρχὰς δίδωσι καὶ κράτος ....
11 τοῖς ἀεὶ δόξασιν ἀρίστοις εἶναι, ...
12 καὶ οὔτε ἀσθενείᾳ οὔτε πενίᾳ ....
13 οὔτ' ἀγνωσίᾳ πατέρων ....
14 ἀπελήλαται οὐδεὶς οὐδὲ ....
15 τοῖς ἐναντίοις τετίμηται, ...
16 ὥσπερ ἐν ἄλλαις πόλεσιν, ...
17 ἀλλὰ εἷς ὅρος· ....
18 ὁ δόξας σοφὸς ἢ ἀγαθὸς εἶναι ....
19 κρατεῖ καὶ ἄρχει. ....

Platon, Menexenos 238c-e

3	Schwieriger Dativ – wählen Sie eine Präposition nach deutschem Sprachgebrauch; vgl. S.59: τῷ ὄντι.
4/5/10	Wiederholen Sie in der kons. Dekl. γένος und βασιλεύς.
5	„uns sind ..." = wir haben.
6/7; 8/9; 17	Ellipse!
9	Accusativus Graecus!
11	τοῖς ἀεὶ δόξασιν: wörtlich „den ... scheinenden" – Erklären Sie sich den Aspekt; lösen Sie die Konstruktion auf (entsprechend auch Zeile 18).
12	Welche Dativfunktion passt?
14/15	Beide Prädikate im Perfekt (S. 92): „ist ausgeschlossen", „ist geehrt".

πλῆθος, ους, τό	Menge, Mehrheit	ἐγκρατής (τινος) 2	herrschend (über etw.)
αἱρετός 3	wählbar	οὐδείς, ἑνός	niemand
ἀρχή, ῆς, ἡ	*hier:* Amt	ὅρος, ου, ὁ	Grenze, Maßstab
κράτος, ους, τό	Macht	κρατέω	stark sein, herrschen
πόλις, πόλεως, ἡ	Stadt	μετά + Gen.	(zusammen) mit

SCHRITT 7: SPEKULIEREN UND VERORTEN

Präpositionale Ausdrücke als adverbiale Bestimmungen

Einige Präpositionen werden regelmäßig mit **nur einem Kasus** verbunden:

	mit Genitiv	mit Dativ	mit Akkusativ
ἀντί	anstatt, für		
ἀπό	von … weg, von		
ἐκ, ἐξ	aus, infolge, seit		
πρό	vor, für		
ἐν		in (Frage: wo?)	
σύν		mit	
εἰς			in … hinein
ἀνά			auf … hinauf

Vier Präpositionen werden **entweder mit Genitiv oder Akkusativ** verbunden. Sie wechseln dabei ihre Bedeutung:

	mit Genitiv	mit Akkusativ
διά	durch	wegen
κατά	von … herab, gegen	gemäß
μετά	mit	nach (Frage: wann?)
ὑπέρ	über, von, für	über … hinaus

Einige Präpositionen werden **entweder mit Genitiv, Dativ oder Akkusativ** verbunden. Sie wechseln dabei ihre Bedeutung:

	mit Genitiv	mit Dativ	mit Akkusativ
ἀμφί	um	um … willen	um
ἐπί	auf, während	auf (Frage: wo?)	auf (Frage: wohin?)
παρά	von … her	bei, neben	zu, an … vorbei
περί	über	um	um
πρός	von … her	bei, an, außer	zu, gegen … hin
ὑπό	unter, von	unter (Frage: wo?)	unter (Frage: wohin?)

LERNTIPP

- Vokabelkartei: Lernen Sie Präpositionen immer mit ihrem Kasus. „Faustformel":
- Präp. + Gen. = Trennung, Herkunft; Präp. + Dat. = Dasein, Nähe; Präp. + Akk. = Richtung.
- In welchen Fremdwörtern erkennen Sie griechische Präpositionen wieder? Gedankenbrücken helfen beim Lernen.

Welche Präpositionen (mit welchen Kasus) passen in die Skizze?

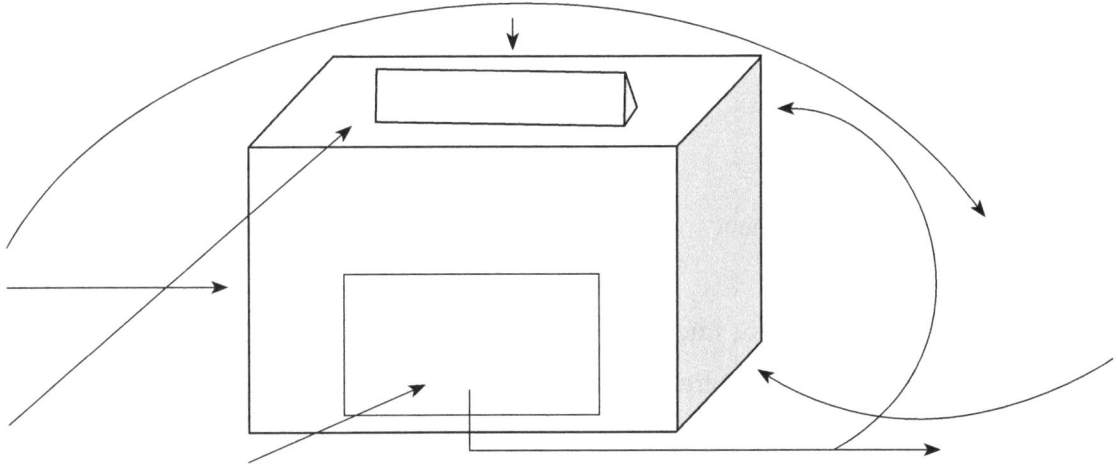

Jesus hat das Gleichnis von den bösen Weingärtnern erzählt – mit folgender Wirkung:

Καὶ ἐζήτησαν οἱ γραμματεῖς καὶ οἱ ἀρχιερεῖς	....
ἐπιβαλεῖν ἐπ' αὐτὸν τὰς χεῖρας ἐν αὐτῇ τῇ ὥρᾳ,	....
καὶ ἐφοβήθησαν τὸν λαόν·	....
ἔγνωσαν γάρ,	....
ὅτι πρὸς αὐτοὺς εἶπεν τὴν παραβολὴν ταύτην.	....

Lk 20,19

Markieren Sie die Präpositionen – inwiefern entsprechen sie der „Faustformel" (S. 74)? Bestimmen Sie die fünf Verben – StF 1, Bedeutung, Form im Text. Schreiben Sie die Verben, gemäß ihrer Funktion, in das Schema:

Prädikat:............... Tempus:..................... Übersetzung:..

Prädikat:............... Tempus:..................... Übersetzung:..

Prädikat:............... Tempus:..................... Übersetzung:..

Infinitiv zu Prädikat 1:............................. Stamm/Genus Verbi:.....................................

Prädikat im Nebensatz:........................... Tempus:..

γραμματεύς, έως, ὁ	Schriftgelehrter	ὥρα, ας, ἡ	Stunde
ἀρχιερεύς, έως, ὁ	Hohepriester	λαός, οῦ, ὁ	Volk
χείρ, χειρός, ἡ	Hand	παραβολή, ῆς, ἡ	....

Zusatzaufgaben
- Welches Verb steckt in dem Fachterminus παραβολή?
- Informieren Sie sich in der **Grammatik** über Vorsilben.

EXAMEN — **SCHRITT 7: SPEKULIEREN UND VERORTEN**

Kyros stellt in den ionischen Städten, die ihm gewogen sind, heimlich Truppen gegen seinen Bruder Artaxerxes zusammen. In Milet hat sein Rivale Tissaphernes die Kyros gewogene Partei liquidiert. So belagert Kyros die Stadt.

1	Κῦρος παρήγγειλε	....
2	τοῖς φρουράρχοις ἑκάστοις	....
3	λαμβάνειν ἄνδρας Πελοποννησίους	....
4	ὅτι πλείστους καὶ βελτίστους,	....
5	ὡς ἐπιβουλεύοντος Τισσαφέρνους ταῖς πόλεσι.	....
6	Πρόξενον δὲ τὸν Βοιώτιον, ξένον ὄντα,	....
7	ἐκέλευσε λαβόντα ἄνδρας ὅτι πλείστους	....
8	παραγενέσθαι.	....
9	Σοφαίνετον δὲ τὸν Στυμφάλιον	....
10	καὶ Σωκράτην τὸν Ἀχαιόν,	....
11	ξένους ὄντας καὶ τούτους,	....
12	ἐκέλευσεν ἄνδρας λαβόντας ἐλθεῖν	....
13	ὅτι πλείστους.	....
14	Καὶ ἐποίουν οὕτως οὗτοι.	....

Xenophon, Anabasis 1,1,6 und 11 (gekürzt)

4 ὅτι *beim Superlativ:* möglichst (auch Zeilen 7, 13); πλείστους, βελτίστους vgl. S. 48 – unregelmäßige Komparation;
5 unverbundene Partizipialkonstruktion (S. 78) – als Gliedsatz übersetzen: weil Tissaphernes …; ὡς *hier:* weil angeblich …;
14 οὕτως (Adv.) so.

φρούραρχος, ου, ὁ	Festungskommandant
παραγγέλλω, παρήγγειλα	ankündigen, befehlen
ἐπιβουλεύω (+ Dat.)	(jemandem) auflauern, nachstellen
κελεύω (+ A.c.I.)	befehlen
παραγίγνομαι	zu Hilfe kommen

Zusatzaufgabe
Lernen Sie in der **Grammatik** die Deklination von πόλις – kons. Stämme auf ι.

Schritt 8: Voraussagen und planen

Sie können

- Futur erkennen und übersetzen – die zweite und siebte Stammform
- die Modi Indikativ und Konjunktiv unterscheiden
- einen Genitivus Absolutus als Gliedsatz übersetzen

Sie deuten

- den Modusgebrauch in Gliedsätzen
- Tempus- und Moduskennzeichen am Verb

Sie kennen

- das Futurkennzeichen σ
- die Dehnung als Moduskennzeichen des Konjunktivs
- Beispiele des heilsamen Wirkens von Schlichtern und Mittlern

Die Zukunft ist mit im Blick, wenn ein Politiker wie **Solon** (nach **Aristoteles**) oder ein charismatischer Prediger wie **Jesus** (Bergpredigt) Regeln für das Zusammenleben verkündigt, sei es als Plan, sei es als Versprechen. Die Gottesknecht-Worte des **Propheten Jesaja** führen Vergangenheit, Gegenwart und Zukunft zusammen.

THEORIE SCHRITT 8: VORAUSSAGEN UND PLANEN

Partizipialkonstruktionen: eingebunden – unverbunden

Das Partizip kann adverbiale Bestimmungen und Objekte an sich binden; es regiert dann einen eigenen „Satz" innerhalb des Ursprungssatzes. Subjekt einer Partizipialkonstruktion ist jeweils das Nomen, auf das sich das Partizip bezieht (S. 64).

Participium Coniunctum

Ist das Beziehungswort des Partizips zugleich Satzglied des Ursprungssatzes, spricht man von einer eingebundenen Partizipialkonstruktion – **Participium Coniunctum**.

Ἰδὼν δὲ αὐτὴν   ὁ Ἰησοῦς   προσεφώνησεν   καὶ εἶπεν αὐτῇ· ...

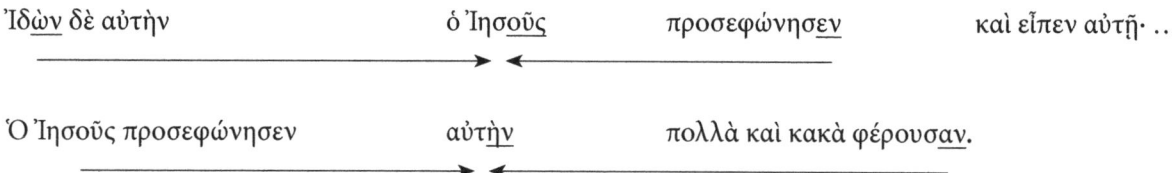

Ὁ Ἰησοῦς προσεφώνησεν   αὐτὴν   πολλὰ καὶ κακὰ φέρουσαν.

Genitivus (Accusativus) Absolutus

Manchmal steht das Beziehungswort des Partizips unverbunden – absolut. Es steht im Genitiv, obwohl der Ursprungssatz es weder als Genitivobjekt noch als Genitivattribut noch nach einer mit Genitiv verbundenen Präposition verwendet. Die Partizipialkonstruktion ist dann als eine adverbiale Zeit- bzw. Grund- bzw. Gegengrundangabe aufzufassen. Man spricht von einer unverbundenen Partizipialkonstruktion – **Genitivus Absolutus**. In der Übersetzung wird daraus ein eigener Haupt- oder Nebensatz, wobei das Beziehungswort zum Subjekt und das Partizip zum Prädikat wird.

Καὶ γενομένου σαββάτου	ἤρξατο διδάσκειν ἐν τῇ συναγωγῇ.
Und es war Sabbat.	(Und) er begann, in der Synagoge zu lehren.
Weil gerade Sabbat war,	begann er, in der Synagoge zu lehren.

Wenn das Partizip von einem unpersönlich konstruierbaren Verb wie δεῖ, ἔξεστι, δοκεῖ gebildet ist (S. 70), steht die unverbundene Konstruktion im Akkusativ.

Βούλεται πονεῖν	ἐξὸν χρήματα ἔχειν ἀκινδύνως.
Er will sich mühen.	Es ist (aber) möglich, gefahrlos ...
Er will sich mühen,	**obwohl** es möglich wäre, gefahrlos ...

Ü-TIPP

Gliedern!

Im Umgang mit Partizipialkonstruktionen bewähren sich 3 Schritte:

- Partizip und Beziehungswort finden, evtl. auch dazu gehörige Objekte und Adv. Best.
- Satz und Partizipialkonstruktion als zwei Sätze übersetzen.
- Logische Verbindung finden und darstellen (Hauptsatz – Gliedsatz, vgl. S. 54; 2 Hauptsätze mit „und", „aber", „also", „dann", „trotzdem").

SCHRITT 8: VORAUSSAGEN UND PLANEN **PRAXIS**

Solon als Mittler

1 Τοιαύτης δὲ τῆς τάξεως οὔσης ἐν τῇ πολιτείᾳ ....
2 καὶ τῶν πολλῶν δουλευόντων τοῖς ὀλίγοις ....
3 ἀντέστη τοῖς γνωρίμοις ὁ δῆμος. ....
4 Ἰσχυρᾶς δὲ τῆς στάσεως οὔσης ....
5 καὶ πολὺν χρόνον ἀντικαθημένων ἀλλήλοις ....
6 εἵλοντο κοινῇ διαλλακτὴν Σόλωνα, ...
7 καὶ τὴν πολιτείαν ἐπέτρεψαν αὐτῷ ....
8 ποιήσαντι τὴν ἐλεγείαν ..., ...
9 ἐν ᾗ πρὸς ἑκατέρους ὑπὲρ ἑκατέρων ....
10 μάχεται καὶ διαμφισβητεῖ, ...
11 καὶ μετὰ ταῦτα κοινῇ παραινεῖ καταπαύειν ....
12 τὴν ἐνεστῶσαν φιλονικίαν. ....

Aristoteles, Staat der Athener, aus Kapitel 5

5   πολὺν χρόνον Akk. der zeitlichen Ausdehnung (S. 72); zu ἀντικαθημένων ist in Gedanken als Bezugswort αὐτῶν zu ergänzen
6   εἵλοντο mit einem doppelten Akk.; beachten Sie das Genus Verbi
9   ἐν ᾗ leitet einen Relativsatz ein
12 ἐνεστῶσαν Partizip Perfekt von ἐνίσταμαι, attributiv verwendet

τοιοῦτος, τοιαύτη, τοιοῦτο	derartig, so beschaffen, solch	δουλεύω	....
τάξις, εως, ἡ	Aufstellung, Ordnung	ἀνθίσταμαι, ἀντέστην (+ Dat.)	sich erheben (gegen jdn.)
γνώριμος 2	bekannt, adelig	ἀντικάθημαι	sich widersetzen
ἰσχυρός 3	heftig, stark	αἱρέω, εἷλον	nehmen; med.: wählen
στάσις, εως, ἡ	Aufstand	ἐπιτρέπω	anvertrauen
διαλλακτής, οῦ, ὁ	Versöhner, Schlichter	μάχομαι	....
ἑκάτερος 3	jeder von zweien	διαμφισβητέω	streiten
φιλονικία, ας, ἡ	Ehrsucht, Streitsucht	παραινέω	....
κοινῇ (Adv.)	gemeinschaftlich, öffentlich	καταπαύω	....
		ἐνίσταμαι	bestehen
		πλεονεκτέω	....

Zusatzaufgabe

Informieren Sie sich über den Athener Solon – als Schlichter und Archon, als Gesetzgeber und Elegiendichter.

THEORIE — SCHRITT 8: VORAUSSAGEN UND PLANEN

Konjugieren: Futur

Auf der Zeitstufe „Zukunft" gibt es im Griechischen ausnahmsweise keine Unterscheidung der Aspekte (S. 28, 32); sowohl „das, was dauerhaft abläuft" als auch „das, was sich punktuell ereignet" steht, wenn es als zukünftig beschrieben wird, im Tempus Futur. Wie das Präsens wird auch das Futur mit den Haupttempusendungen gebildet. Zwischen Stamm und Endung tritt – im Aktiv und im Medium – das Futurkennzeichen σ. Es entsteht ein Futurstamm – folglich auch eine weitere, nämlich die **zweite Stammform**.

Futur Aktiv			Futur Medium		
Stamm	+ σ +	ω	Stamm	+ σ +	ομαι
		εις			η
		ει			εται
		ομεν			όμεθα
		ετε			εσθε
		ουσιν			ονται

Ebenfalls durch σ-Einschub werden Infinitive und Partizipien des Futurs gebildet.

Das **Futur Passiv** ist dreifach gekennzeichnet: mit dem Passivkennzeichen θη, dem Futurkennzeichen σ und den Haupttempusendungen des Passivs:

Stamm   + θη + σ + ομαι   Das ist die **siebte Stammform**.

Was auch noch passieren kann ...

1. Eine Reihe von Verben bildet das Futur im Aktiv und Medium nicht von der StF 1 unter Einfügung des Futurkennzeichens, sondern mit einem eigenen Stamm und Endungen, die dem Präsens der Verba contracta auf έω gleichen.
2. Da das Futur Passiv immer vom Aorist Passiv abgleitet wird, haben Verben mit starkem Aorist Passiv auch ein entsprechendes Futur Passiv ohne θ (z. B. wird aus ἐγράφην, dem Aor. Pass. von γράφω, im Fut. Pass.: γραφήσομαι).

Das unregelmäßige (Hilfs-)Verb εἰμί ist im Futur ein Deponens:
εἰμί, ἔσομαι = ich bin, werde sein (in der 3. P. Sg. ohne Themavokal: ἔσται = er/sie/es wird sein)

┌─ LERNTIPP ─

- Konjugieren Sie: παιδεύσω, τιμήσω, καλέσω (NT, klass. καλῶ, -εῖς ...) – Aktiv, Medium, Passiv.
- Informieren Sie sich in der **Grammatik** über die Futurbildung bei den Verba contracta, den Labial-, Guttural-, Dental-, Liquidstämmen. – Konjugieren Sie νομιῶ.

Aus der Stammformenreihe kennen Sie jetzt StF 1–3 und 6+7. Das reicht noch nicht zum systematischen Lernen. Schlagen Sie aber nach und lernen Sie:
StF 1–3 von βάλλω, ἄγω, ἔχω, ὁράω, λέγω, γίγνομαι, βαίνω, λαμβάνω.

SCHRITT 8: VORAUSSAGEN UND PLANEN **PRAXIS**

Bittet – ihr werdet gehört

1 Αἰτεῖτε καὶ δοθήσεται ὑμῖν, ...
2 ζητεῖτε, καὶ εὑρήσετε, ...
3 κρούετε καὶ ἀνοιγήσεται ὑμῖν. ....
4 πᾶς γὰρ ὁ αἰτῶν λαμβάνει ....
5 καὶ ὁ ζητῶν εὑρίσκει ....
6 καὶ τῷ κρούοντι ἀνοιγήσεται. ....
7 ἢ τίς ἐστιν ἐξ ὑμῶν ἄνθρωπος, ...
8 ὃν αἰτήσει ὁ υἱὸς αὐτοῦ ἄρτον, ...
9 μὴ λίθον ἐπιδώσει αὐτῷ; ....
10 ἢ καὶ ἰχθὺν αἰτήσει, ...
11 μὴ ὄφιν ἐπιδώσει αὐτῷ; ....
12 εἰ οὖν ὑμεῖς πονηροὶ ὄντες ....
13 οἴδατε δόματα ἀγαθὰ διδόναι ....
14 τοῖς τέκνοις ὑμῶν, πόσῳ μᾶλλον ....
15 ὁ πατὴρ ὑμῶν ὁ ἐν τοῖς οὐρανοῖς ....
16 δώσει ἀγαθὰ τοῖς αἰτοῦσιν αὐτόν; ....

Mt 7,7–11

8   αἰτήσει mit doppeltem Akkusativ, deutsch: jdn. um etw. bitten
9/11 anstelle von μή lese man zur Vereinfachung beim Übersetzen: ὅς
10   ἢ καὶ ἰχθὺν αἰτήσει, gemeint ist: ἢ τίς ἐστιν … (Z. 7), ὃν καὶ ἰχθὺν αἰτήσει ὁ υἱὸς αὐτοῦ
12   In welchem logischen Verhältnis steht die Partizipialkonstruktion zum Ursprungssatz?
13   οἴδατε = ihr vermögt (S. 94); διδόναι ist der Infinitiv von δίδωμι
14   πόσῳ μᾶλλον = um wie viel mehr … ?

ἄρτος, ου, ὁ	Brot	ὄφις, εως, ὁ	Schlange
λίθος, ου, ὁ	Stein	δόμα, ατος, τό	Gabe
ἰχθύς, ύος, ὁ	Fisch	κρούω	anklopfen
τίς, τί (Fragepron.)	wer? was?	ἀνοίγνυμι	öffnen

Schlagen Sie StF 1–3 für die folgenden Verben nach:

αἰτέω   .... , ... : ....
δίδωμι   .... , ... : ....
ζητέω   .... , ... : ....
εὑρίσκω .... , ... : ....

THEORIE   SCHRITT 8: VORAUSSAGEN UND PLANEN

Modi im Satz

Im Griechischen gibt es drei Modi (vier mit dem Imperativ, vgl. S. 24).

- Im Indikativ werden **Tatsachen** festgestellt,
- im Konjunktiv **Absichten und allgemeine Regeln** ausgedrückt,
- im Optativ **Wünsche** formuliert. (In Vergangenheitszusammenhängen tritt der Optativ außerdem an die Stelle des Konjunktivs, später, S. 118).

Das Kennzeichen des Konjunktivs ist die **Dehnung** des Themavokals (S. 40).
Das Kennzeichen des Optativ ist der Einschub (ο)ι bzw. (α)ι bzw. (ε)ι (S. 104).

Konjunktiv im Hauptsatz

- **Verbote im Aorist** werden mit dem Konjunktiv gebildet (S.40). Darin drückt sich die Absicht aus, dass etwas nicht geschehen soll. Die Verneinung ist μή.

μὴ φονεύσῃς   bring (ihn) nicht um!   μὴ θεάσησθε   schaut nicht hin!

- **In der 1. Person** drückt der Konjunktiv Absichten aus:

Selbstermunterung   Καὶ εἶπεν ὁ θεός· „Ποιήσωμεν ἄνθρωπον." (*Gen 1,26*)
                              Und Gott sprach: „Lasst uns Menschen machen."
Selbstzweifel   Τί ποιῶ; Τί ποιῶμεν;
                              Was soll ich/sollen wir tun?

Konjunktiv im Gliedsatz (Voraussetzung: das Prädikat hat eine Haupttempusendung.)

- In Objektsätzen nach Verben des Fürchtens steht das Prädikat im Konjunktiv.
Φοβοῦμαι, μὴ ἔρχηται – Ich fürchte, dass er kommt. (gemeint ist: Er soll nicht kommen! Ich fürchte es aber.)
- In Finalsätzen (nach ἵνα, ὡς, ὅπως) steht das Prädikat im Konjunktiv.
Γυμνάζονται, ἵνα ἐπαινῶνται – Sie trainieren, damit sie gelobt werden / um gelobt zu werden.
- In Gliedsätzen mit der Partikel ἄν („auch immer") steht das Prädikat im Konjunktiv.
Ὅστις ἂν αἰτῇ, λήψεται – Wer auch immer bittet, (der) wird empfangen.

LERNTIPP

- Lernen Sie mit der **Grammatik** die Bildungsweise des **Konjunktivs** (Dehnung!).
- Die Modus-Lehre der Grammatik umfasst weitere Themen und Spezialfälle. Hier genügt es zu wissen, wie der Konjunktiv im Hauptsatz übersetzt wird – sowie nach ἵνα, ὡς, ὅπως und ἄν den Konjunktiv zwar zu erkennen, dann aber **nach deutschem Sprachgebrauch** zu übersetzen (d. h. mit Indikativ oder Infinitiv).

SCHRITT 8: VORAUSSAGEN UND PLANEN **PRAXIS**

Bilden Sie Konjunktive (**Grammatik**!): a) 1. P. Plural; b) 2. P. Sg. oder Pl. mit μή.
Übersetzen Sie angemessen (**Lexikon**; Aspekt?).

a.

λέγειν ....

ὁρᾶν ....

ἰδεῖν ....

ἐλπίζειν ....

καθεύδειν ....

τιμᾶν ....

b.

βαλεῖν ....

γράψαι ....

ψεύσασθαι ....

Markieren und bestimmen Sie die Konjunktive (Stamm, Genus Verbi, Funktion im Satz); übersetzen Sie mündlich:

Schritt 2   Ἐγὼ τίθημι τὴν ψυχήν μου, ἵνα πάλιν λάβω αὐτήν.

Schritt 2   Οὐκ εἰμὶ ἄξιος, ἵνα λύσω αὐτοῦ τὸν ἱμάντα τοῦ ὑποδήματος.

Schritt 4   Μὴ νομίσητε, ὅτι ἦλθον καταλῦσαι τὸν νόμον ἢ τοὺς προφήτας.

Schritt 6   Μὴ κρίνετε, ἵνα μὴ κριθῆτε.

Neu   Μὴ οὖν μεριμνήσητε λέγοντες· „Τί φάγωμεν;" ἤ· „Τί πίωμεν;" ἤ·

„Τί περιβαλώμεθα;" (*Mt 6,31*)

Zusatzaufgabe
Schlagen Sie nach und lernen Sie: StF 1–3 von ἐσθίω, πίνω, περιβάλλω.

SCHRITT 8: VORAUSSAGEN UND PLANEN

Verben: Übersicht

Diese Entscheidungen trifft ein Autor, um die richtige Verbform zu bilden + ...

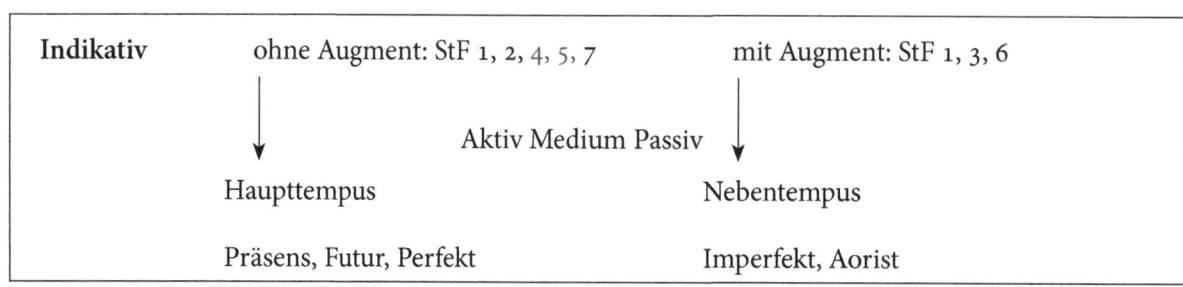

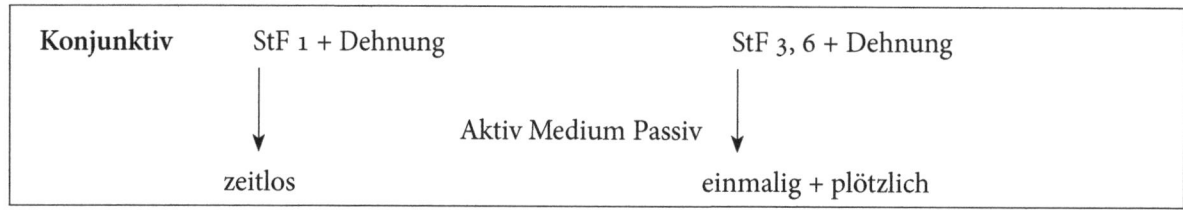

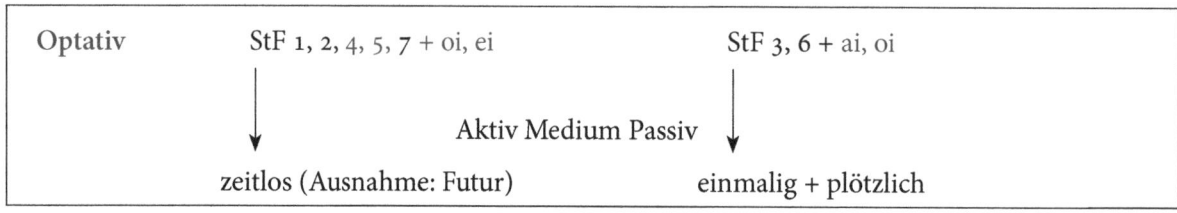

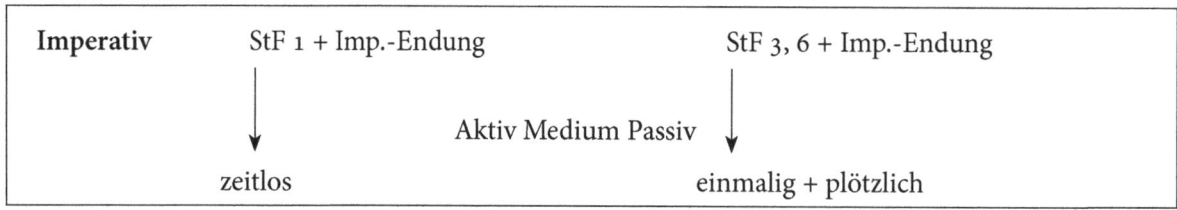

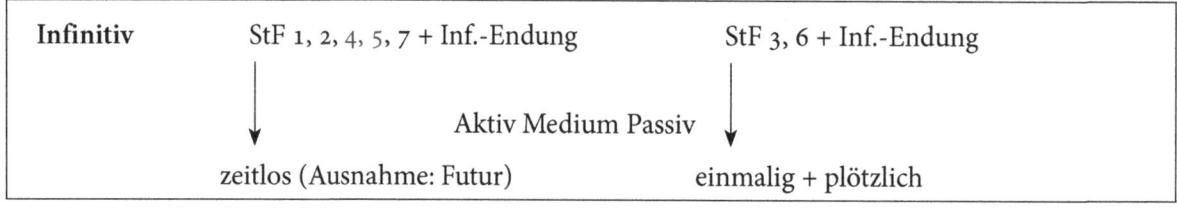

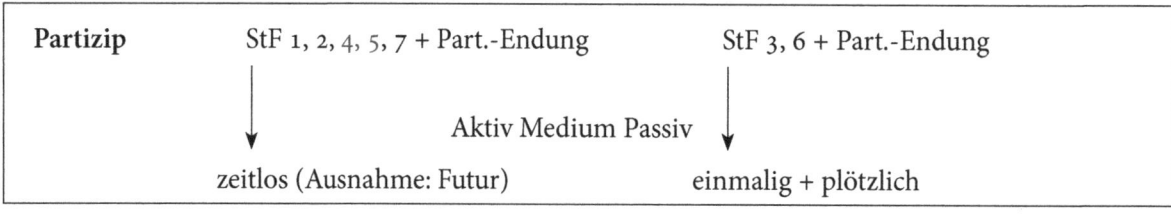

StF 1 = Präs. Akt.; 2 = Fut. Akt.; 3 = Aor. Aktiv; 4 = Perf. Akt.; 5 = Perf. Pass.; 6 = Aor. Pass; 7 = Futur Passiv; 8 = Verbaladjektiv

Bei schwacher Bildung: StF 2 mit Kennzeichen σ; 3 mit σα; 6 mit θη; 7 mit θησ!

Diese Fragen stellt sich der Lesende, um die Verbform zu analysieren:

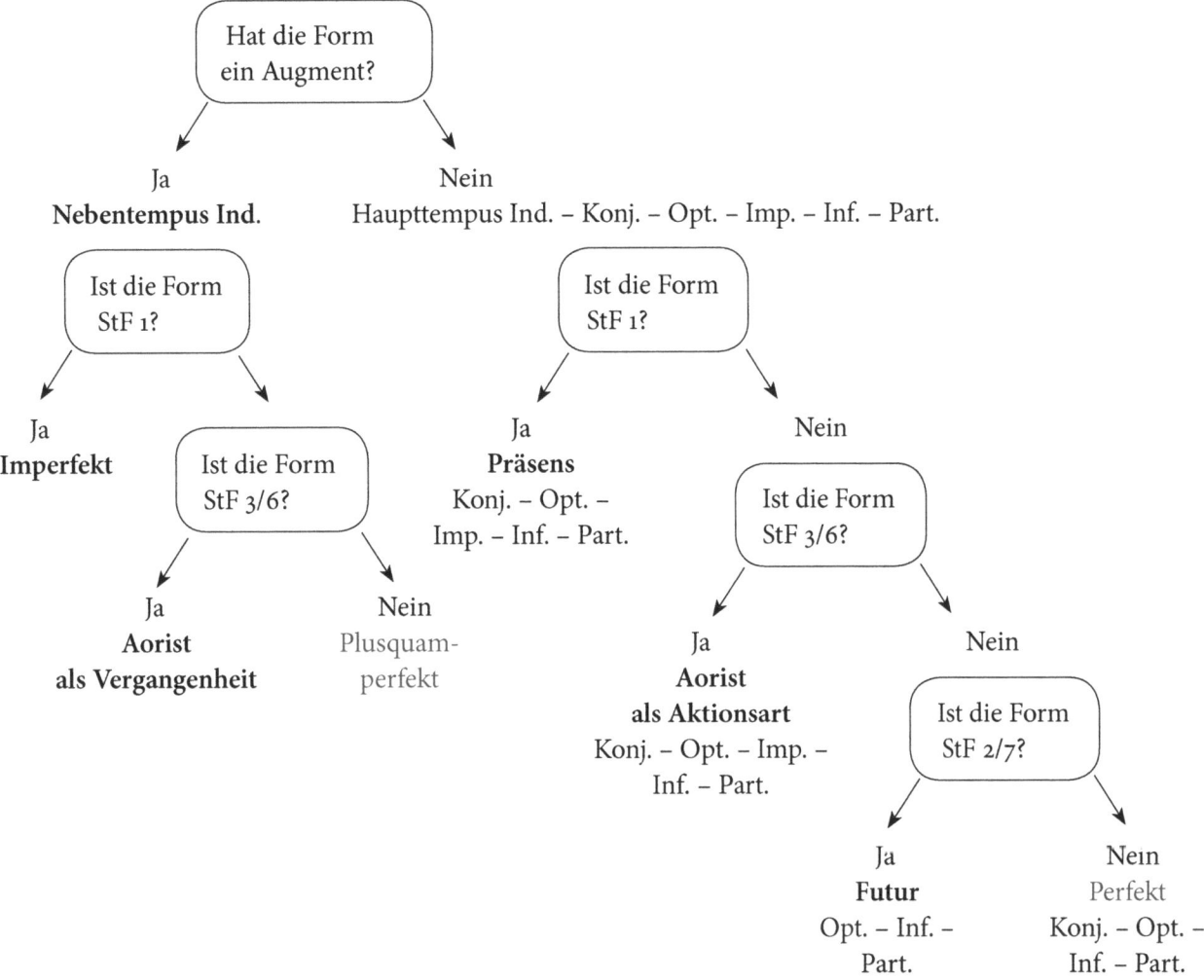

Kreuzen Sie an, in welcher Kategorie die jeweiligen Bestimmungen auftreten können.

	Indikativ	Konjunktiv	Imperativ	Infinitiv	Partizip
Imperfekt					
Futur					
Aorist als Vergangenheit					
Aorist als Aktionsart					

Bestimmen Sie folgende doppeldeutige Verbformen:

ἀκούετε   a) Indikativ   b) Imperativ   a) ....   b) ....

ποιήσω   a) Futur   b) Aorist   a) ....   b) ....

ἐπαινῇ   a) 2. P. (2x)   b) 3. P.   a) ....   b) ....

τιμᾷ   a) 2. P. (2x)   b) 3. P. (2x)   a) ....   b) ....

EXAMEN   SCHRITT 8: VORAUSSAGEN UND PLANEN

Weissagung des Propheten Jesaja: Der Gottesknecht

1. Οὗτος τὰς ἁμαρτίας ἡμῶν φέρει
2. καὶ περὶ ἡμῶν ὀδυνᾶται.
3. Καὶ ἡμεῖς ἐλογισάμεθα αὐτὸν εἶναι
4. ἐν πόνῳ καὶ ἐν πληγῇ καὶ ἐν κακώσει. …
5. Πάντες ὡς πρόβατα ἐπλανήθημεν,
6. ἄνθρωπος τῇ ὁδῷ αὐτοῦ ἐπλανήθη,
7. καὶ κύριος παρέδωκεν αὐτὸν
8. ταῖς ἁμαρτίαις ἡμῶν.
9. Καὶ αὐτὸς διὰ τὸ κεκακῶσθαι
10. οὐκ ἀνοίγει τὸ στόμα·
11. ὡς πρόβατον ἐπὶ σφαγὴν ἤχθη καὶ
12. ὡς ἀμνὸς ἐναντίον τοῦ κείροντος αὐτὸν
13. ἄφωνος, οὕτως οὐκ ἀνοίγει
14. τὸ στόμα αὐτοῦ. …
15. Διὰ τοῦτο αὐτὸς κληρονομήσει πολλοὺς
16. καὶ τῶν ἰσχυρῶν μεριεῖ σκῦλα,
17. ἀνθ' ὧν παρεδόθη εἰς θάνατον
18. ἡ ψυχὴ αὐτοῦ
19. καὶ ἐν τοῖς ἀνόμοις ἐλογίσθη
20. καὶ αὐτὸς ἁμαρτίας πολλῶν ἀνήνεγκεν
21. καὶ διὰ τὰς ἁμαρτίας αὐτῶν παρεδόθη.

Aus Jesaja 53 (Septuaginta)

5   ὡς = wie;   8   Funktion des Dativs?
9   Lösen Sie die Substantivierung auf und bilden Sie einen Gliedsatz.
11   ἤχθη: vorn mit Augment; das g des Stamms ist durch das θ behaucht …
12   Seltene Präposition: ἐναντίον + Gen. = gegenüber, vor;   17   ἀνθ' ὧν = ὅτι
20/21   ἀν-<u>ή</u>νεγκεν, παρ-ε<u>δό</u>θη: vorn mit Vorsilbe und Augment.

ἁμαρτία, ας, ἡ	Sünde	λογίζομαι	bedenken
κάκωσις, εως, ἡ	Misshandlung	πλανάομαι d.p.	sich verirren
ἀνομία, ας, ἡ	Gesetzlosigkeit	κακόω	misshandeln
σφαγή, ῆς, ἡ	Schlachtung	κείρω	scheren
ἀμνός, οῦ, ὁ	Lamm	κληρονομέω	(be)erben
ἄφωνος 2	stumm, ohne Laut	μερίζω	(ver)teilen
σκῦλον, ου, τό	Pl.: Beute, Trophäe	ἀναφέρω	hinbringen, tragen
ὀδυνάομαι	Schmerz empfinden		

Schritt 9: Verdoppeln und versiegeln

Sie können

- Perfekt erkennen und übersetzen – die vierte und fünfte Stammform
- die Vergangenheit des Perfekts erkennen und übersetzen: Plusquamperfekt
- τυγχάνω bzw. λανθάνω + Partizip übersetzen

Sie deuten

- Reduplikationen am Verb
- den Gebrauch des Perfekts

Sie kennen

- verschiedene Funktionen von ὡς
- οἶδα und ἕστηκα
- alle Stämme
- verschiedene Ansichten über Bestand und Verfall

Sicherheit und Scheinsicherheit liegen nah beieinander: Wie ein Haus, auf Sand gebaut, ist Wissen, das ungeprüft bleibt. Mit dem einen wie dem anderen geben sich weder **Jesus** noch **Sokrates** zufrieden – und machen sich damit unbeliebt. Kyros wiederum setzt die trügerische Sicherheit seiner Gegner für eine Kriegslist ein.

THEORIE — SCHRITT 9: VERDOPPELN UND VERSIEGELN

Partizipialkonstruktionen: Spezialitäten

Das Partizip kann adverbiale Bestimmungen und Objekte an sich binden; als **Participium Coniunctum** sowie als Teil eines **Genitivus** (bzw. **Accusativus**) **Absolutus** bildet es einen eigenen „Satz" innerhalb des Ursprungssatzes (S. 64, 78). Dieser Satz enthält eine Begleithandlung, die je nach Zusammenhang temporal, kausal, modal, konzessiv oder konditional aufgefasst werden kann (S. 54). Eindeutig festgelegt ist die Aussageabsicht, wenn eines der kleinen Wörter ἅτε, καίπερ, ὡς hinzutritt.

ἅτε kennzeichnet einen objektiven Grund :

Δαρεῖος ἅτε ἀσθενῶν ἐβούλετο τὼ παῖδε παρεῖναι.
Dareios wollte, da er ja krank war, dass seine Söhne anwesend waren.

καίπερ kennzeichnet einen Gegengrund:

Κλέαρχος καίπερ ἐξὸν ῥᾳθυμεῖν βούλεται πονεῖν.
Klearch nimmt, obwohl er sich ausruhen kann, lieber Mühen in Kauf.

ὡς kennzeichnet einen subjektiven Grund:

Κῦρος παρήγγειλε αὐτοῖς τάττειν τὸ στράτευμα ὡς ἐπιβουλεύοντος Τισσαφέρνους ταῖς πόλεσι.
Kyros trug ihnen auf, das Heer aufzustellen, so als bedrohe T. die Städte.

ὡς mit Part. Fut. drückt eine Absicht aus:

Ἦλθον πρὸς αὐτοὺς ὡς μαθησόμενος.
Ich bin zu ihnen gekommen, um zu lernen (wörtl.: als einer, der lernen will).

Partizip bzw. Partizipialkonstruktion drücken eine Begleithandlung zum Ursprungssatz aus. In Verbindung mit Prädikaten wie τυγχάνω (zufällig etwas tun) und λανθάνω (heimlich etwas tun) jedoch beschreibt das Partizip als notwendige Ergänzung die Haupthandlung. Bei der Übersetzung wird daher das Partizip zum Prädikat. Was wird dabei aus dem ursprünglichen Prädikat?

Ἔτυχεν ταύτην τὴν ὁδὸν ἐρχόμενος.   Zufällig kam er auf diesem Weg.
Ἔλαθεν χρήματα λαμβάνων.   Unbemerkt nahm er (Schmier-)Gelder an.

LERNTIPP

Lernen Sie ἅτε, καίπερ, ὡς + Partizip als Vokabeln; ebenso τυγχάνω ποιῶν τι (zufällig etwas tun) und λανθάνω ποιῶν τι (heimlich etwas tun). Erklärungen und weitere, seltenere Beispiele bietet die **Grammatik**.

SCHRITT 9: VERDOPPELN UND VERSIEGELN — PRAXIS

Unter Vorspiegelung falscher Tatsachen

Kyros lässt die griechischen Söldner in seiner Residenz-Stadt Sardeis unter dem Vorwand zusammenkommen, er wolle gegen die Pisider ziehen. – Übersetzen Sie unter besonderer Beachtung der Partizipien.

1 Ἐπεὶ δ' ἐδόκει ἤδη πορεύεσθαι αὐτῷ ἄνω, ...
2 τὴν μὲν πρόφασιν ἐποιεῖτο, ...
3 ὡς Πισίδας βουλόμενος ἐκβαλεῖν ....
4 παντάπασιν ἐκ τῆς χώρας. ....
5 Καὶ ἀθροίζει ὡς ἐπὶ τούτους τό τε ....
6 βαρβαρικὸν καὶ τὸ Ἑλληνικὸν στράτευμα. ....
7 Ἐνταῦθα καὶ παραγγέλλει ....
8 τῷ τε Κλεάρχῳ λαβόντι ἥκειν, ...
9 ὅσον ἦν αὐτῷ στράτευμα, ...
10 Ἐκάλεσε δὲ καὶ τοὺς ....
11 Μίλητον πολιορκοῦντας, ...
12 καὶ τοὺς φυγάδας ἐκέλευσε ....
13 σὺν αὐτῷ στρατεύεσθαι ... .

Xenophon, Anabasis 1,2,1–2 gekürzt

5 ὡς ἐπὶ τούτους: Ergänzen Sie ἐλαύνων
9 ὅσον = so viel, wie; ein so großes ..., wie ...; εἰμί + Dat. = Subjekt + haben

πρόφασις, εως, ἡ	Vorwand	πολιορκέω	belagern
βαρβαρικός 3	barbarisch	ἤδη	jetzt, schon
Ἑλληνικός 3	griechisch	ἄνω	hinauf, aufwärts
ἀθροίζω	versammeln	παντάπασιν	völlig
ἥκω	kommen	ἐνταῦθα	da

Zusatzaufgabe

εἰμί + Dat. = Subjekt + haben: Suchen Sie in Ihrer Grammatik den ‚Dativ zur Anzeige des Besitzers' (Dativus possessoris) und prägen Sie ihn sich ein; vgl.: βασιλῆς ὑμῖν εἰσιν (S. 73).

SCHRITT 9: VERDOPPELN UND VERSIEGELN

Konjugieren: Verdoppelung im Präsens

Manche Präsensstämme beginnen mit einer **Reduplikation** (S. 44). Die Stammformen zeigen, dass sich diese Silbenverdoppelung mithilfe des Buchstaben ι auf das Präsens beschränkt. Eine andere Form der Verdoppelung tritt dann in StF 4 + 5, dem Perfekt, auf (S. 92).

StF 1	StF 2	StF 3	StF 4	StF 5	StF 6	StF 7	StF 8
γίγνομαι	γενήσομαι	ἐγενόμην	γέγονα				
πίπτω	πεσοῦμαι	ἔπεσον	πέπτωκα				
τίκτω	τέξομαι	ἔτεκον	τέτοκα				
γιγνώσκω	γνώσομαι	ἔγνων	ἔγνωκα	ἔγνωσμαι	ἐγνώσθην		
μιμνήσκω	μνήσω	ἔμνησα	–	μέμνημαι	ἐμνήσθην		

Die vier Großen

Die vier „großen" athematischen Verben mit Präsensreduplikation sind δίδωμι – geben, τίθημι – setzen – stellen – legen, ἵημι – schicken und ἵστημι – stellen; dazu das objektlose (intransitive) Medium ἵσταμαι, sich stellen = treten.

δίδωμι, δώσω, ἔδωκα, δέδωκα   δέδομαι, ἐδόθην, δοθήσομαι
τίθημι, θήσω, ἔθηκα, τέθηκα   κεῖμαι (!), ἐτέθην, τεθήσομαι
ἵημι, ἥσω, ἧκα, εἷκα   εἷμαι, εἵθην, ἑθήσομαι
ἵστημι, στήσω, ἔστησα, –   –, ἐστάθην, σταθήσομαι

> **Zweimal Medium bei ἵστημι**
>
> | | | |
> |---|---|---|
> | Aktiv | Στήλην ἵστημι. | Ich stelle eine Säule auf. |
> | Medium, mit Objekt (= indirekt-reflexiv) | Στήλην ἵσταμαι. | Ich stelle mir eine Säule auf. |
> | Medium, ohne Objekt (= direkt-reflexiv) | Ἵσταμαι. | Ich stelle mich = ich trete hin. |

LERNTIPP

Diese „großen 4" sind häufig und haben in Verbindung mit Vorsilben viele verschiedene Bedeutungen.

- ἵημι ist wegen der Kürze seines Stamms in vielen Formen schwer zu erkennen.
- ἵστημι hat ein eigenständiges intransitives (= direkt-reflexives) Medium („treten"). Dessen StF sollten Sie unbedingt beherrschen.

Schulen Sie Ihren Blick für Formen (**Grammatik**) und schlagen Sie häufig nach (**Lexikon**).

SCHRITT 9: VERDOPPELN UND VERSIEGELN — PRAXIS

Auf Felsen bauen!

Achten Sie beim Übersetzen auf den gewählten Aspekt – wie geben Sie sie wieder?

1   Πᾶς ὁ ἐρχόμενος πρός με   ....
2   καὶ ἀκούων μου τῶν λόγων   ....
3   καὶ ποιῶν αὐτούς –   ....
4   ὑποδείξω ὑμῖν, τίνι ἐστὶν ὅμοιος·   ....
5   ὅμοιός ἐστιν ἀνθρώπῳ οἰκοδομοῦντι οἰκίαν, ...
6   ὃς ἔσκαψεν καὶ ἐβάθυνεν καὶ   ....
7   ἔθηκεν θεμέλιον ἐπὶ τὴν πέτραν·   ....
8   πλημμύρας δὲ γενομένης   ....
9   προσέρηξεν ὁ ποταμὸς τῇ οἰκίᾳ ἐκείνῃ, ...
10 καὶ οὐκ ἴσχυσεν σαλεῦσαι αὐτὴν   ....
11 διὰ τὸ καλῶς οἰκοδομῆσθαι αὐτήν.   ....
12 Ὁ δὲ ἀκούσας καὶ μὴ ποιήσας   ....
13 ὅμοιός ἐστιν ἀνθρώπῳ   ....
14 οἰκοδομήσαντι οἰκίαν   ....
15 ἐπὶ τὴν γῆν χωρὶς θεμελίου, ...
16 ᾗ προσέρηξεν ὁ ποταμός, ...
17 καὶ εὐθὺς συνέπεσεν καὶ ἐγένετο   ....
18 τὸ ῥῆγμα τῆς οἰκίας ἐκείνης μέγα.   ....

Lk 6,47–49

4   Im Lexikon steht ὑποδείκνυμι (zeigen) ohne Stammformenreihe; in solchen Fällen muss das Simplex (das Verb ohne Vorsilbe) nachgeschlagen werden.
9   προσέρηξεν, s. o.: Stammformen beim Simplex – ῥήγνυμι.
11 καλῶς: Adverb von καλός (S. 114)

ῥῆγμα, ατος, τό	Zerstörung	οἰκοδομέω	bauen
οἰκία, ας, ἡ	....	σκάπτω	graben
θεμέλιον, ου, τό	Fundament	βαθύνω	vertiefen
πέτρα, ας, ἡ	....	προσρήγνυμι	anstoßen
πλημμύρα, ας, ἡ	Überschwemmung	ἰσχύω	vermögen
ποταμός, οῦ, ὁ	....	σαλεύω	erschüttern
		συμπίπτω	zusammenfallen

StF 1: .... , StF 2: ὑποδείξω, StF 3: .... aufzeigen, deutlich machen

THEORIE   SCHRITT 9: VERDOPPELN UND VERSIEGELN

Konjugieren: Perfekt + Plusquamperfekt

Auf der Zeitstufe „Gegenwart" gibt es als zweiten Aspekt „das, was ist, weil es schon gekommen ist" (S. 28) – damit ist beschrieben, was im Griechischen Perfekt genannt wird. Es ist keine Erzählzeit; es geht um die Feststellung und Begründung eines Zustands in der Gegenwart (Haupttempusendungen!), der das Ergebnis eines vergangenen Geschehens ist.

- Kennzeichen des Perfekts ist die so genannte **Perfektreduplikation** (Silbenverdoppelung mithilfe des Vokals ε).
- Der Stamm des Verbs erhält in der schwachen Bildung das Perfektzeichen κ(α) für das Aktiv.
- Medium und Passiv sind (wie im Präsens) gleich; für sie ist charakteristisch das Fehlen des Themavokals.
- Im Perfekt Aktiv treten auch starke Stämme auf – die **Stammform 4** der Stammformenreihen gibt Auskunft.
- Mittels Augment und Nebentempusendung wird Perfekt zu **Plusquamperfekt**; dann beschreibt es einen Zustand in der Vergangenheit.

ἀποθνῄσκει	– er liegt im Sterben	θάπτεται	– er wird beerdigt
ἀπο<u>τέ</u>θνηκε	– er ist tot	<u>τέ</u>θαπται	– er ist beerdigt
ἀπ<u>ε</u>τεθνήκει	– er <u>war</u> tot	<u>ἐ</u>τέθαπτ<u>ο</u>	– er <u>war</u> beerdigt

Auch das Perfekt bildet Infinitive und Partizipien – sie haben die gleichen Perfektkennzeichen wie der Indikativ.

ἀποτεθνηκέναι	– tot sein	τεθάφθαι	– beerdigt sein
ἀποτεθνηκώς, κυῖα, κός	– tot	τεθαμμένος, η, ον	– beerdigt

Das Perfekt des intransitiven Mediums von ἵστημι (S. 90), ἵσταμαι, heißt: Ich habe mich gestellt = **Ich stehe** (ἕστηκα). Um davon die Vergangenheit zu bilden (Ich stand), erhält die Form Augment und Nebentempusendung: εἱστήκειν (Plusquamperfekt).

> ### LERNTIPP
>
> - Lernen Sie die Schemata des Perfekts in Aktiv und Passiv aus der **Grammatik**.
> - Die Perfektreduplikation ist nicht immer regelmäßig möglich, z. B. nicht bei anlautendem Vokal. Machen Sie sich mit den Regeln vertraut (**Grammatik!**).
> - Studieren Sie die Perfektbildung der Guttural-, Dental-, Labial-, Liquidstämme in der **Grammatik** – durch das Fehlen des Themavokals im Passiv stoßen Konsonanten zusammen, die einander nicht unverändert lassen.

Sie kennen jetzt alle Formen, die in **Stammformenreihen** aufgeführt werden. Die Schritte 10 ff. bieten die Stammformen wichtiger Verben pensenweise zum Lernen an.

SCHRITT 9: VERDOPPELN UND VERSIEGELN — PRAXIS

Lesen Sie die Texte. Wo steht Perfekt – und was wird damit ausgedrückt? Schlagen Sie jeweils die Stammformenreihe auf (Lexikon, Grammatik):
ἀκούω, γίγνομαι, ἀποκρίνομαι, ἔρχομαι, ἔχω, γιγνώσκω, λύω.

Kallikles führt Sokrates die großen Männer Athens als Vorbilder vor Augen.

Κ.· Τί δέ; Θεμιστοκλέα οὐκ ἀκούεις
ἄνδρα ἀγαθὸν γεγονότα
καὶ Κίμωνα καὶ Μιλτιάδην καὶ
Περικλέα τοῦτον τὸν νεωστὶ
τετελευτηκότα, οὗ καὶ σὺ ἀκήκοας;

Platon, Gorgias 503c

Jesus spricht vom nahen Abschied; die Jünger sind ratlos.

Ἀπεκρίθη αὐτῷ Σίμων Πέτρος·
„Κύριε, πρὸς τίνα ἀπελευσόμεθα;
ῥήματα ζωῆς αἰωνίου ἔχεις καὶ
ἡμεῖς πεπιστεύκαμεν καὶ ἐγνώκαμεν,
ὅτι σὺ εἶ ὁ ἅγιος τοῦ θεοῦ."

Joh 6,68 f.

ῥῆμα, ατος, τό	Wort
αἰώνιος 2	ewig
νεωστί (Adv.)	vor kurzem

Im Jahr 432 erscheint den Spartanern das Verhältnis zu Athen zerrüttet.

Αὐτοῖς μὲν οὖν τοῖς Λακεδαιμονίοις διέγνωστο
λελύσθαι τε τὰς σπονδὰς καὶ τοὺς Ἀθηναίους ἀδικεῖν,
πέμψαντες δὲ ἐς Δελφοὺς ἐπηρώτων τὸν θεόν,
εἰ πολεμοῦσιν ἄμεινον* ἔσται·

Thukydides, Historien 1,118   * Unregelmäßige Komparation!

| σπονδή, ῆς, ἡ | Bündnis, Vertrag | ἐπερωτάω | .... |
| διαγιγνώσκω | genau erkennen | ἀδικέω + Akk. | jdm. Unrecht tun |

THEORIE SCHRITT 9: VERDOPPELN UND VERSIEGELN

Gesehen haben bedeutet: wissen

Ein wichtiges Perfekt ist οἶδα; es kommt von einem Stamm *Ϝιδ = vid (vgl. das moderne Fremdwort „Video"), sehen. Der starke Aorist εἶδον von ὁράω ist mit οἶδα verwandt. Als eigenständige Vokabel heißt οἶδα „wissen" – ein Perfekt, das kein Präsens hat, jedoch eine Vergangenheit mit Augment sowie Konjunktiv, Imperativ, Infinitiv und Partizip bildet.

Gegenwart	οἶδα	οἶσθα	οἶδε	ἴσμεν	ἴστε	ἴσασιν
Vergangenheit	ᾔδη	ᾔδησθα	ᾔδει	ᾔδεμεν	ᾔδεμεν	ᾔδεσαν
Konjunktiv	εἰδῶ	εἰδῇς	etc.			
Imperativ	ἴσθι	ἴστε				
Infinitiv	εἰδέναι					
Partizip	εἰδώς	εἰδυῖα	εἰδός			

> **LERNTIPP**
>
> Die Konjugation ist unregelmäßig – da der Anlaut wechselt, ist es oft schwer, eine Form im Text auf οἶδα zurückzuführen. Einzig *ιδ hat Bestand – wobei in einigen Formen ein σ das δ verschlingt. Die Formen von οἶδα müssen daher ebenso sicher gelernt werden wie die Formen des (Hilfs-)Verbs εἰμί. Die Suche nach Wissen ist – nicht nur für Sokrates – eine Existenzfrage.
>
> - Wo ist in den Vergangenheitsformen der i-Laut von *ιδ erkennbar?
> - Vergewissern Sie sich: Wie wird das Partizip Perfekt Aktiv dekliniert?

Sich-bewusst-sein

a) Σύνοιδα ἐμαυτῷ οὐδὲν εἰδώς.   b) Σύνοιδα ἐμαυτῷ οὐδὲν εἰδότι.

Das zusammengesetzte Verb σύνοιδα (wörtl.: „mit-wissen") hat – entsprechend der Präposition σύν/mit – einen Dativ bei sich. Ein Subjekt, das etwas „mit sich weiß", „ist sich einer Sache bewusst". Der Dativ ist hier ein Reflexivpronomen, das immer auf das Subjekt zurückweist. Inhaltlich gefüllt wird σύνοιδα durch ein Partizip (ähnlich konstruiert wie τυγχάνω und λανθάνω + Part., S. 88) – wahlweise in KNG-Kongruenz zum Subjekt (a) oder zum Dativ des Reflexivpronomens (b).

Die griechischen Reflexivpronomen für die drei grammatischen Personen lauten im Akkusativ Maskulinum:

- Sg.: ἐμαυτόν, σεαυτόν (auch: σαυτόν), ἑαυτόν (auch: αὑτόν)
- Pl.: ἡμᾶς αὐτούς, ὑμᾶς αὐτούς, ἑαυτούς (auch: αὑτούς)

Auch für Genitiv und Dativ gibt es Formen, nicht aber für den Nominativ!

> **LERNTIPP**
>
> Von den Reflexivpronomen brauchen Sie vor allem die Formen der 3. P. – der Spiritus macht den Unterschied zwischen Reflexiv- und Personalpronomen (S. 30).

SCHRITT 9: VERDOPPELN UND VERSIEGELN — PRAXIS

Sokrates überführt den jungen Euthydemos, der sich für klug hält, eines voreiligen Urteils. – Markieren Sie Verben des Wissens und Meinens. Wenn möglich, lesen Sie den kurzschrittigen Dialog mehrfach mit verteilten Rollen. Welche Schlüsselworte hören Sie heraus?

1   „Δοκεῖ οὖν σοι δυνατὸν εἶναι   ....
2   δημοκρατίαν εἰδέναι μὴ εἰδότα δῆμον;"   ....
    3   „Μὰ Δί᾽ οὐκ ἔμοιγε."   ....
4   „Καὶ δῆμον ἄρ᾽ οἶσθα, τί ἐστιν;"   ....
    5   „Οἶμαι ἔγωγε."   ....
6   „Καὶ τί νομίζεις δῆμον εἶναι;"   ....
    7   „Τοὺς πένητας τῶν πολιτῶν ἔγωγε."   ....
8   „Καὶ τοὺς πένητας ἄρα οἶσθα;"   ....
    9   „Πῶς γὰρ οὔ;"   ....
10 „Ἆρ᾽ οὖν καὶ τοὺς πλουσίους οἶσθα;"   ....
    11 „Οὐδέν γε ἧττον ἢ καὶ τοὺς πένητας."   ....
12 „Ποίους δὲ πένητας καὶ ποίους πλουσίους καλεῖς;"   ....
    13 „Τοὺς μέν, οἶμαι, μὴ ἱκανὰ ἔχοντας, ...
    14 εἰς ἃ δεῖ, τελεῖν πένητας, ...
    15 τοὺς δὲ πλείω τῶν ἱκανῶν πλουσίους."   ....

Fortsetzung auf der nächsten Seite: Xenophon, Memorabilia 4,2,37

2   Welchen logischen Zusammenhang nehmen Sie an zwischen Satz und Partizipialkonstruktion?
3   Μὰ Δί᾽: Bei Zeus; γε: angehängte Partikel zur Betonung.
4   ἄρα: folglich, also (so auch in Z. 8)
7   Auslassung (= Ellipse) von νομίζω
11 ἧττον: Adverb des Komparativs von ....
14 εἰς ἃ δεῖ: für das, was …; τελεῖν: zahlen (derselbe Inf. wurde nach δεῖ ausgelassen!)
15 πλείω: = πλείονα; nach ἱκανῶν Ellipse von ἔχοντας

Nomen

πένης, πένητος   ....

πλούσιος 3   ....

ἱκανός 3 (mit Inf.)   ....

Fragepronomen

ἆρα   Einleitung Satzfrage, ohne Übers.

πῶς   wie?

ποῖος 3   wie beschaffen, welch?

Zusatzaufgabe

Deklinieren Sie die griechischen Namen Zeus, Apollon, Athene und Poseidon. Welche anderen griechischen Götter kennen Sie?

EXAMEN — SCHRITT 9: VERDOPPELN UND VERSIEGELN

- Wie führt Sokrates das Gespräch? Wie fühlt sich dabei Euthydemos?
- Der Text enthält zwei Perfekte und zwei Konjunktive. Identifizieren Sie sie, bevor Sie übersetzen.

1 „Καταμεμάθηκας οὖν, ὅτι ἐνίοις μὲν
2 πάνυ ὀλίγα ἔχουσιν
3 οὐ μόνον ἀρκεῖ ταῦτα,
4 ἀλλὰ καὶ περιποιοῦνται ἀπ' αὐτῶν,
5 ἐνίοις δὲ πάνυ πολλὰ οὐχ ἱκανά ἐστιν;"
6   „Καὶ νὴ Δί'", ἔφη ὁ Εὐθύδημος,
7   „ὀρθῶς γάρ με ἀναμιμνήσκεις,
8   οἶδα καὶ τυράννους τινάς, οἳ
9   δι' ἔνδειαν ὥσπερ οἱ ἀπορώτατοι
10   ἀναγκάζονται ἀδικεῖν."
11 „Οὐκοῦν", ἔφη ὁ Σωκράτης,
12 „εἴ γε ταῦτα οὕτως ἔχει,
13 τοὺς μὲν τυράννους εἰς τὸν δῆμον θήσομεν,
14 τοὺς δὲ ὀλίγα κεκτημένους,
15 ἐὰν οἰκονομικοὶ ὦσιν, εἰς τοὺς πλουσίους;"
16   καὶ ὁ Εὐθύδημος ἔφη·
17   „Ἀναγκάζει με καὶ ταῦτα ὁμολογεῖν
18   δῆλον ὅτι ἡ ἐμὴ φαυλότης·
19   καὶ φροντίζω, μὴ κράτιστον ᾖ μοι σιγᾶν·
20   κινδυνεύω γὰρ ἁπλῶς οὐδὲν εἰδέναι."

Xenophon, Memorabilia 4,2,37–39

ἔνδεια, ας, ἡ	Mangel	ἀρκεῖ	es genügt
ἄπορος 2	arm; verzweifelt	οὕτως ἔχει	es verhält sich so
φαυλότης, ητος, ἡ	Nichtsnutzigkeit	ἔφη	(er) sagte
περιποιέομαι	*hier:* für sich übrig behalten	ὀρθῶς (Adv.)	zu Recht, richtig
ἀναγκάζω	zwingen	οὕτως (Adv.)	so, auf diese Weise
κτάομαι	erwerben, *Perf.:* besitzen	δῆλον ὅτι (Adv.)	(es ist) offensichtlich (dass)
φροντίζω, μὴ ...	überlegen, ob vielleicht ...	ἁπλῶς (Adv.)	einfach
σιγάω	schweigen	οὐκοῦν	also/folglich nicht?
κινδυνεύω	Gefahr laufen	ἐάν (+ Konj.)	wenn

Zusatzaufgabe
Schlagen Sie in der **Grammatik** εἰμί und φημί auf – beide sind ähnlich unregelmäßig.
Lernen Sie **alle** Formen.

Schritt 10: Wünschen und annehmen

Sie können

- mit der Stammformenreihe sicher umgehen
- über den Tempusgebrauch reflektieren
- die Modi im Satz sachgemäß übersetzen

Sie deuten

- sprachgeschichtliche Entwicklungen
- den unterschiedlichen Gebrauch der Moduspartikel ἄν

Sie kennen

- den Optativ
- Frage- und Indefinitpronomen
- die Argumentation des Paulus gegen persönliche Eitelkeiten

Der Modus macht die Musik, könnte man sagen: Wie anders spricht der Kämmerer aus dem Morgenland zu Philippus als **Paulus** zu der zerstrittenen Gemeinde in Korinth! Und wiederum anders klingt es, wenn der, der einen Wunsch äußert, auf dessen Erfüllung angewiesen ist – Kyros auf seine Bundesgenossen, Paulus auf seinen Gott.

THEORIE — SCHRITT 10: WÜNSCHEN UND ANNEHMEN

Der Reihe nach: Stammformen

Die Stammformen 1 bis 7 sind einzeln vorgestellt worden. In der **Grammatik** sind sie in Gruppen sortiert, zuerst die regelmäßigen, dann leicht abweichende, sodann Reihen mit untereinander sichtbar verwandten Stammformen, schließlich die so genannte Mischklasse, in der einzelne Stammformen keinerlei Ähnlichkeit miteinander haben. Im **Lexikon** sind die Stammformen im unteren Teil des jeweiligen Artikels zu finden, häufig nur die problematischen.

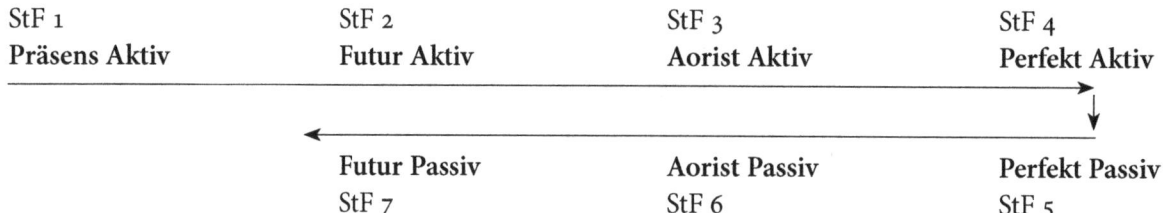

StF 1	StF 2	StF 3	StF 4
Präsens Aktiv	Futur Aktiv	Aorist Aktiv	Perfekt Aktiv
	Futur Passiv	Aorist Passiv	Perfekt Passiv
	StF 7	StF 6	StF 5

Die Reihenfolge wurde so festgelegt, dass näher verwandte Formen nebeneinander stehen. So ist der Schritt von Aorist Aktiv (StF 3) zu Perfekt Aktiv (StF 4) kleiner als etwa der von Aorist Aktiv zu Aorist Passiv (StF 6). Aus dem Aorist Passiv wiederum lässt sich das Futur Passiv (StF 7) regelmäßig ableiten.

> **LERNTIPP**
>
> Stellen Sie sich die Stammformreihen als einen „u-turn" vor, aktiv hin, passiv zurück. Beim Lernen stellt sich eine Sprechmelodie ein. Der Klang wird leichter behalten als die Schriftgestalt – daher: Lernen Sie laut.

Probieren Sie das laute Lernen mit γράφω, einer „leichten" Reihe.

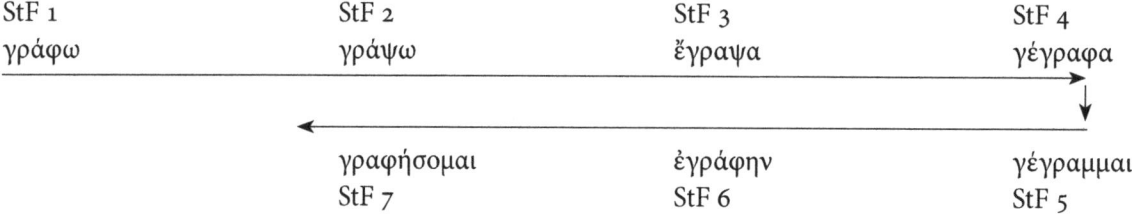

StF 1	StF 2	StF 3	StF 4
γράφω	γράψω	ἔγραψα	γέγραφα
	γραφήσομαι	ἐγράφην	γέγραμμαι
	StF 7	StF 6	StF 5

Lernen Sie γιγνώσκω und λέγω als bereits vielfach vertraute Verben.

γιγνώσκω	γνώσομαι	ἔγνων	ἔγνωκα
λέγω	ἐρῶ	εἶπον	εἴρηκα
	ῥηθήσομαι	ἐρρήθην	εἴρημαι
	γνωσθήσομαι	ἐγνώσθην	ἔγνωσμαι

SCHRITT 10: WÜNSCHEN UND ANNEHMEN — **PRAXIS**

Übersetzen Sie. Sie sollten alle Verbformen analysieren können.

Ἔγραψεν δὲ καὶ τίτλον ὁ Πιλᾶτος, ...
καὶ ἔθηκεν ἐπὶ τοῦ σταυροῦ· ....
ἦν δὲ γεγραμμένον· ....
„Ἰησοῦς ὁ Ναζωραῖος ὁ βασιλεὺς τῶν Ἰουδαίων." ....
τοῦτον οὖν τὸν τίτλον πολλοὶ ἀνέγνωσαν ....
τῶν Ἰουδαίων, ὅτι ἐγγὺς ἦν ὁ τόπος τῆς πόλεως, ...
ὅπου ἐσταυρώθη ὁ Ἰησοῦς· ....
καὶ ἦν γεγραμμένον ....
Ἑβραϊστί, Ῥωμαϊστί, Ἑλληνιστί. ....
Ἔλεγον οὖν τῷ Πιλάτῳ οἱ ἀρχιερεῖς ....
τῶν Ἰουδαίων· „Μὴ γράφε· ....
‚Ὁ βασιλεὺς τῶν Ἰουδαίων‘, ...
ἀλλ᾽ ὅτι ἐκεῖνος εἶπεν· ....
‚Βασιλεύς εἰμι τῶν Ἰουδαίων.'" ....
Ἀπεκρίθη ὁ Πιλᾶτος· „Ὃ γέγραφα, γέγραφα." ....

Joh 19,19-22

τίτλος, ου, ὁ	Aufschrift	ἀναγιγνώσκω	lesen
σταυρός, οῦ, ὁ	Kreuz	ἐγγύς (Adv.)	nah; mit Gen.: nahe bei
τόπος, ου, ὁ	Ort	ὅπου	wo

Zusatzaufgabe

Joh 19,21f. in drei verschiedenen neugriechischen Übersetzungen zeigt, dass sich der Tempusgebrauch charakteristisch gewandelt hat – inwiefern?

μὴ γράφῃς, Ὁ βασιλεὺς τῶν Ἰουδαίων, ἀλλ᾽ ὅτι ἐκεῖνος εἶπε,
Εἶμαι ὁ βασιλεὺς τῶν Ἰουδαίων. ἀπεκρίθη ὁ Πιλᾶτος
Ὅ τι ἔγραψα, ἔγραψα.   ΦΩΝΗ ΑΓΑΠΗΣ – ΜΗΝΥΜΑ ΛΕΥΤΕΡΙΑΣ ΑΘΗΝΑΙ 1967

μὴ γράφε ὁ βασιλεὺς τῶν Ἰουδαίων, ἀλλ᾽ ὅτι ἐκεῖνος εἶπε,
Βασιλεὺς εἶμαι τῶν Ἰουδαίων. ἀπεκρίθη ὁ Πιλᾶτος
Ὃ γέγραφα, γέγραφα.   ΤΑ ΙΕΡΑ ΓΡΑΜΜΑΤΑ ΑΘΗΝΑΙ 1977

Μη γράφεις Βασιλιάς των Ιουδαίων, αλλά ότι εκείνος είπε,
Είμαι ο βασιλιάς των Ιουδαίων. κι ο Πιλάτος αποκρίθηκε
Ο τι έγραψα, έγραψα.   ΕΛΛΗΝΙΚΗ ΒΙΒΛΙΚΗ ΕΤΑΙΡΙΑ 1999

THEORIE   SCHRITT 10: WÜNSCHEN UND ANNEHMEN

Modi im Satz: Die Moduspartikel ἄν

Die Moduspartikel ἄν ist ein Katalysator und ist gerade als solcher ungemein wichtig für die Bedeutung eines griechischen Satzes und seine Übersetzung:

In **Verbindung mit Augmenttempora** drückt ἄν Unwirklichkeit aus.   → **irreal**

Εἰ ἔβαλες, ἔτυχες ἄν αὐτοῦ.   Wenn du geworfen hättest, hättest du ihn getroffen.
   (Du hast aber nicht geworfen und die Gefahr ist vorbei.)

In **Verbindung mit Konjunktiv** verallgemeinert ἄν.   → **eventual**

Ὅστις ἄν βάλλῃ, κινδυνεύει τυγχάνειν.   Wer auch immer wirft, riskiert zu treffen.

In **Verbindung mit Optativ** drückt ἄν eine vorsichtige Annahme aus   → **potential**

Τυγχάνοις ἄν.   Du könntest (wohl) treffen.

Ü-TIPP

Sinngemäß übersetzen!

Übersetzen funktioniert nicht Wort zu Wort. Es gilt zu erfassen, was in der Ursprungssprache gesagt und gemeint ist, und dies in der Zielsprache verständlich zu machen.

Gliedsätze mit prospektivem Konjunktiv + ἄν

Gliedsätzen, die Angaben über Zeit, Ort, Bedingungen machen, sowie Relativsätzen gibt ἄν eine im engeren oder weiteren Sinn vorausschauende und damit im letzteren Fall eine verallgemeinernde Bedeutung: „auch immer" bzw. „immer wenn". Entsprechend steht im Hauptsatz ein Haupttempus: Präsens für allgemeine Regeln (**Eventualis, genereller Fall**, auch: Iterativus der Gegenwart) oder Futur für als sicher geltende Erwartungen (**Eventualis, spezieller Fall**).

Ὅστις ἄν αἰτῇ, λήψεται. *Schritt 8, S. 81*	Wer auch immer bittet, (der) <u>wird empfangen</u>.	Rel. Pron. + τις + ἄν **Futur im Hauptsatz**
Ὅταν γὰρ λέγῃ τις· „Ἐγὼ μέν εἰμι Παύλου", ἕτερος δέ· „Ἐγὼ Ἀπολλῶ", οὐχὶ σαρκικοί ἐστε; *1 Kor 3,4*	Denn wann immer einer sagt: „Ich bin ein Mann des Paulus", ein anderer: „Und ich des Apollo", <u>seid</u> ihr nicht irdisch?	ὅταν (< ὅτε + ἄν) **Präsens im Hauptsatz**
Ἐὰν τὰς ἐντολάς μου τηρήσητε, μενεῖτε ἐν τῇ ἀγάπῃ μου. *Schritt 4, S. 46*	Wenn ihr meine Gesetze haltet, <u>werdet</u> ihr in meiner Liebe <u>bleiben</u>.	ἐάν (< εἰ + ἄν) **Futur im Hauptsatz**

LERNTIPP

Informieren Sie sich in der Syntaxlehre Ihrer **Grammatik** über Gliedsätze mit dem Konjunktiv, besonders über Konditionalsätze, und über die Partikel ἄν.

SCHRITT 10: WÜNSCHEN UND ANNEHMEN — **PRAXIS**

Wie wird der prospektive Konjunktiv eingesetzt: als allgemeine Regel (Eventualis generell) oder als konkrete Erwartung (Eventualis speziell)? Schlagen Sie die Nomen nach (πλείονα: unregelmäßige Komparation!); bei den Verben muss **StF 1** ermittelt werden. Bedenken Sie: Konjunktiv Futur gibt es nicht!

Ἐὰν γὰρ ἀφῆτε τοῖς ἀνθρώποις ....

τὰ παραπτώματα αὐτῶν, ...

ἀφήσει καὶ ὑμῖν ὁ πατὴρ ὑμῶν ὁ οὐράνιος. ....

Mt 6,14

ἀφῆτε = ἀφ-ῆτε = ἀπο-ῆτε: Schwierige Form eines kurzen Stammes auf μι – S. 90.

ἦτε kommt von: StF 1 ....   StF 2 ....   StF 3 ....

Μακάριοί ἐστε, ὅταν ὀνειδίσωσιν ὑμᾶς καὶ ....

διώξωσιν καὶ εἴπωσιν πᾶν πονηρὸν καθ᾽ ....

ὑμῶν ψευδόμενοι ἕνεκεν ἐμοῦ· χαίρετε καὶ ....

ἀγαλλιᾶσθε, ὅτι ὁ μισθὸς ὑμῶν πολὺς ἐν ....

τοῖς οὐρανοῖς. ....

Mt 5,11f.

Ἐγώ εἰμι ἡ ἄμπελος ἡ ἀληθινή, ...

καὶ ὁ πατήρ μου ὁ γεωργός ἐστιν· ....

πᾶν κλῆμα ἐν ἐμοὶ μὴ φέρον καρπὸν αἴρει αὐτό· ....

καὶ πᾶν τὸ καρπὸν φέρον καθαίρει αὐτό, ...

ἵνα καρπὸν πλείονα φέρῃ. ....

ἤδη ὑμεῖς καθαροί ἐστε διὰ τὸν λόγον, ὃν λελάληκα ὑμῖν· ....

μείνατε ἐν ἐμοί, κἀγὼ ἐν ὑμῖν. ....

καθὼς τὸ κλῆμα οὐ δύναται καρπὸν φέρειν ἀφ᾽ ἑαυτοῦ, ...

ἐὰν μὴ μένῃ ἐν τῇ ἀμπέλῳ, ...

οὕτως οὐδὲ ὑμεῖς, ἐὰν μὴ ἐν ἐμοὶ μένητε. ....

Joh 15,1–4

φέρον kommt von	StF 1	StF 2	StF 3 ....
αἴρει	StF 1	StF 2	StF 3 ....
λελάληκα	StF 1	reden, „lallen", im NT: lehren, predigen	
μείνατε	StF 1	StF 2	StF 3 ....

SCHRITT 10: WÜNSCHEN UND ANNEHMEN

Stammformenreihen: μένω, αἴρω, φέρω

Zwei „leichte" Reihen: μένω hat kein Passiv und ist nur in der StF 4 unregelmäßig; die größte Schwierigkeit von αἴρω ist die Kürze seines Stamms.

StF 1	StF 2	StF 3	StF 4
μένω	μενῶ	ἔμεινα	μεμένηκα
αἴρω	ἀρῶ	ἦρα	ἦρκα

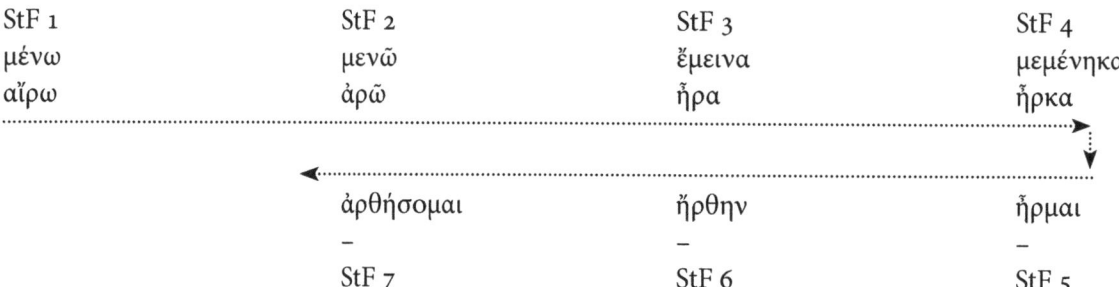

	ἀρθήσομαι	ἤρθην	ἦρμαι
	–	–	–
	StF 7	StF 6	StF 5

In den Stammformen von φέρω kommen drei verschiedene Stämme zusammen.

φέρω	οἴσω	ἤνεγκον od. ἤνεγκα	ἐνήνοχα

	ἐνεχθήσομαι	ἠνέχθην	ἐνήνεγμαι

LERNTIPP

- Bleiben Sie dabei: Üben Sie die Reihen laut zu lesen und aufzusagen.
- Verwechseln Sie nicht αἴρω (hochheben; beseitigen) und αἱρέω (nehmen, ergreifen; med.: wählen); αἱρέω ist behaucht und kontrahiert.

Wie – irgendwie

Wer, wie, was, warum …? – Die so genannten W-Fragen des Deutschen beginnen im Griechischen in der Regel mit π: ποῦ – wo; ποῖ – wohin; πόθεν – woher; πότε – wann; πῶς – wie; πῇ – wie? wo? wohin? Sie leiten direkte wie indirekte Fragen ein. – Die gleichen Wörter ohne Akzent (enklitisch) in beliebigen Sätzen drücken **Unbestimmtheit** aus: irgendwo, irgendwie, irgendwann.
Ein Sonderfall, was den Anfangsbuchstaben angeht, ist τίς, τί – wer, was? Das dazu gehörige Indefinitpronomen τις, τι – irgendeiner, irgendetwas – steht beim Nomen wie ein nachgestellter unbestimmter Artikel: ἄνθρωπός τις – (irgend)ein Mensch.

LERNTIPP

- Wiederholen Sie die konsonantische Deklination mit τις, τι (Gen. τινός).
- Sie finden in der **Grammatik** eine Tabelle von **Frage- und Indefinitpronomen** sowie spezifische Formen für indirekte Fragen – prägen Sie sich die daraus deutlich werdenden **Korrelationen** ein.

SCHRITT 10: WÜNSCHEN UND ANNEHMEN — PRAXIS

Paulus schreibt an die Gemeinde in Korinth, die in sich zerstritten ist. Die Gemeindeglieder verlassen sich auf eine scheinbare, weltliche Weisheit. Ein Exkurs über menschliche und göttliche Weisheit mündet in die Feststellung, dass die Korinther noch immer allzu sehr in irdisch-menschlichen Kategorien denken: Ἔτι γὰρ σαρκικοί ἐστε.   (σαρκικός 3 – von σάρξ, σαρκός, ἡ: Fleisch).

1   Ὅπου γὰρ ἐν ὑμῖν ....
2   ζῆλος καὶ ἔρις, ...
3   οὐχὶ σαρκικοί ἐστε, ...
4   καὶ κατὰ ἄνθρωπον περιπατεῖτε; ....
5   ὅταν γὰρ λέγῃ τις· ....
6   „Ἐγὼ μέν εἰμι Παύλου", ἕτερος δέ· ....
7   „Ἐγὼ Ἀπολλῶ", οὐκ ἄνθρωποί ἐστε; ....
8   τί οὖν ἐστιν Ἀπολλῶς; τί δέ ἐστιν Παῦλος; ....
9   διάκονοι, δι' ὧν ἐπιστεύσατε, ...
10 καὶ ἑκάστῳ, ὡς ὁ κύριος ἔδωκεν. ....
11 ἐγὼ ἐφύτευσα, Ἀπολλῶς ἐπότισεν, ...
12 ἀλλὰ ὁ θεὸς ηὔξανεν· ....
13 ὥστε οὔτε ὁ φυτεύων ἐστίν τι ....
14 οὔτε ὁ ποτίζων, ἀλλ' ὁ αὐξάνων θεός. ....
15 ὁ φυτεύων δὲ καὶ ὁ ποτίζων ἕν εἰσιν· ....
16 ἕκαστος δὲ τὸν ἴδιον μισθὸν λήμψεται ....
17 κατὰ τὸν ἴδιον κόπον. ....
18 θεοῦ γάρ ἐσμεν συνεργοί· ....
19 θεοῦ γεώργιον, θεοῦ οἰκοδομή ἐστε. ....

1 Kor 3,3–9

1   Ὅπου γάρ: Denn wo … (που wird durch ὅ zu einem **rein indirekten** Fragewort)
9   ἐπιστεύσατε: Suchen Sie eine dem Aspekt angemessene Übersetzung.
10   καὶ ἑκάστῳ, ὡς ὁ κύριος ἔδωκεν = καὶ ἕκαστος, ὡς αὐτῷ ὁ κύριος ἔδωκεν
11–12   φυτεύω, ποτίζω, αὐξάνω: säen, bewässern, wachsen lassen; bilden Sie zur Übung die Stammformen von φυτεύω; sie sind regelmäßig.
15   εἷς, μία, ἕν: eins – οὐδ-είς, οὐδε-μία, οὐδ-έν: .... ?

Zusatzaufgabe

Lernen Sie die Stammformen von λαμβάνω: λαμβάνω, λήψομαι, ἔλαβον, εἴληφα,
Was ist „falsch" in Zeile 16?   ληφθήσομαι, ἐλήφθην, εἴλημμαι

THEORIE — SCHRITT 10: WÜNSCHEN UND ANNEHMEN

Modi im Satz: Optativ

Παρακαλῶ δὲ ὑμᾶς, ἀδελφοί,	Ich bitte euch aber, meine Brüder,
διὰ τοῦ ὀνόματος τοῦ κυρίου ἡμῶν	im Namen unseres Herrn Jesus
Ἰησοῦ Χριστοῦ, ἵνα τὸ αὐτὸ λέγητε πάντες	Christus, dass ihr alle das Gleiche sagt
καὶ μὴ ᾖ ἐν ὑμῖν σχίσματα,	und dass nicht unter euch Spaltungen sind,
ἦτε δὲ κατηρτισμένοι ἐν τῷ αὐτῷ νοῒ	sondern dass ihr vollkommen
καὶ ἐν τῇ αὐτῇ γνώμῃ.	seid im gleichen Geist und Sinn.

1 Kor 1,10

In solchem Bitten kommt eine feste Absicht zum Ausdruck – ἵνα + Konjunktiv (S. 82) zeigen es an: Ziel ist, dass die Korinther die Erwartung des Apostels erfüllen. Für bloßes Wünschen, zum Beispiel gegenüber einer höheren Macht – gibt es den **Wunschmodus Optativ**.

Αὐτὸς δὲ ὁ θεὸς καὶ πατὴρ ἡμῶν,	Gott selbst, unser Vater,
καὶ ὁ κύριος ἡμῶν Ἰησοῦς	und unser Herr Jesus
κατευθύναι τὴν ὁδὸν ἡμῶν πρὸς ὑμᾶς·	möge gerade machen unseren Weg zu euch.
ὑμᾶς δὲ ὁ κύριος πλεονάσαι καὶ περισσεύσαι	Euch mache der Herr voll und überschütte er
τῇ ἀγάπῃ εἰς ἀλλήλους καὶ εἰς πάντας,	mit Liebe untereinander und zu allen,
καθάπερ καὶ ἡμεῖς εἰς ὑμᾶς.	so wie auch wir (sie) zu euch (haben).

1 Thess 3,11f.

Τί οὖν; ἁμαρτήσωμεν,	Was also? Sollen wir von nun an sündigen –
ὅτι οὐκ ἐσμὲν ὑπὸ νόμον, ἀλλὰ ὑπὸ χάριν;	weil wir ja nicht unter dem Gesetz,
μὴ γένοιτο.	sondern unter der Gnade leben?
	Das soll nicht geschehen.

Röm 6,15

Im Deutschen ist die Bescheidenheit solcher **Wünsche** verschieden auszudrücken: möge, mag, Konjunktiv I oder Indikativ mit „hoffentlich" bieten sich an.
Ebenso bescheiden sind **Annahmen**, die im **Optativ** mit ἄν (S. 100), also im **Potentialis**, stehen: Λέγοι ἄν τις – Es könnte (wohl) jemand sagen – Eine potentiale Aussage wird im Deutschen mit „wohl" und „dürfte, könnte" umschrieben.

LERNTIPP

Die Bildungsweise des **Optativ** entnehmen Sie der Grammatik. Schärfen Sie Ihren Blick für das Moduszeichen ι – auf οι (Präsens) ist kein „Verlass". In Texten sind die Optativformen des Aorists oder unregelmäßiger Verben (εἰμί!) häufiger.

SCHRITT 10: WÜNSCHEN UND ANNEHMEN — PRAXIS

Füllen Sie den Steckbrief des Optativs aus:

Der Optativ ist ein	Modus	Tempus	Genus Verbi	
Der Optativ drückt aus	Wünsche	Annahmen	Forderungen	
Optativformen enthalten stets	οι	αι	ι	
Der Optativ verwendet	Haupttempusendungen		Nebentempusendungen	
Den Optativ gibt es von	StF 1	StF 2	StF 3	StF 4
Der Optativ bildet	Partizip	Imperativ	Infinitiv	
Der Optativ hat	kein Augment		immer Augment	
Der Optativ von εἰμί:	1. P.	2. P.	3. P.	
	1. P.	2. P.	3. P.	

Übersetzen Sie die beiden Texte unter besonderer Beachtung der Modi. Erzählzeit des 2. Textes ist die Vergangenheit – hier hat der Optativ (im Nebensatz!) eine neue Funktion: „Vergangenheit" des Konjunktivs (S. 82, 118). Bestimmen Sie die unterstrichenen Formen.

Προσδραμὼν δὲ ὁ Φίλιππος ἤκουσεν

αὐτοῦ ἀναγινώσκοντος ᾿Ησαΐαν

τὸν προφήτην καὶ εἶπεν· „῏Αρά γε γινώσκεις,

ἃ ἀναγινώσκεις;" ὁ δὲ εἶπεν· „Πῶς γὰρ

ἂν δυναίμην, ἐὰν μή τις ὁδηγήσῃ με;"

παρεκάλεσέν τε τὸν Φίλιππον

ἀναβάντα καθίσαι σὺν αὐτῷ.

Apg 8,30 f.

προσδραμών – siehe dazu das Simplex: τρέχω – StF?

(Κῦρος) ἐκάλεσε δὲ καὶ τοὺς Μίλητον

πολιορκοῦντας, καὶ τοὺς φυγάδας

ἐκέλευσε σὺν αὐτῷ στρατεύεσθαι,

ὑποσχόμενος αὐτοῖς, εἰ καλῶς

καταπράξειεν, ἐφ᾽ ἃ ἐστρατεύετο,

μὴ πρόσθεν παύσεσθαι, πρὶν αὐτοὺς

καταγάγοι οἴκαδε.

οἱ δὲ ἡδέως ἐπείθοντο ...

Xenophon, Anabasis 1,2,2

ὑπισχνέομαι – versprechen – StF?   κατάγω – zurückführen – StF?
πρίν – bevor   ἡδέως (Adv.) – gern

EXAMEN — SCHRITT 10: WÜNSCHEN UND ANNEHMEN

Paulus argumentiert dagegen, dass er und Apollos gegeneinander ausgespielt werden. Übersetzen Sie und vollziehen Sie nach, wie er sein Schlüsselwort verwendet: κρίνω.

1 Ἐμοὶ δὲ εἰς ἐλάχιστόν ἐστιν, ...
2 ἵνα ὑφ' ὑμῶν ἀνακριθῶ ....
3 ἢ ὑπὸ ἀνθρωπίνης ἡμέρας· ....
4 ἀλλ' οὐδὲ ἐμαυτὸν ἀνακρίνω. ....
5 Οὐδὲν γὰρ ἐμαυτῷ σύνοιδα, ...
6 ἀλλ' οὐκ ἐν τούτῳ δεδικαίωμαι, ...
7 ὁ δὲ ἀνακρίνων με κύριός ἐστιν. ....
8 Ὥστε μὴ πρὸ καιροῦ τι κρίνετε, ...
9 ἕως ἂν ἔλθῃ ὁ κύριος ... .
10 Ταῦτα δέ, ἀδελφοί, μετεσχημάτισα ....
11 εἰς ἐμαυτὸν καὶ Ἀπολλῶν δι' ὑμᾶς, ...
12 ἵνα ἐν ἡμῖν μάθητε ....
13 τὸ ‚Μὴ ὑπὲρ ἃ γέγραπται', ...
14 ἵνα μὴ εἷς ὑπὲρ τοῦ ἑνὸς φυσιοῦσθε ....
15 κατὰ τοῦ ἑτέρου. ....
16 Τίς γάρ σε διακρίνει; ....
17 Τί δὲ ἔχεις, ὃ οὐκ ἔλαβες; ....
18 Εἰ δὲ καὶ ἔλαβες – τί καυχᾶσαι ὡς μὴ λαβών; ....
19 ἤδη κεκορεσμένοι ἐστέ· ἤδη ἐπλουτήσατε· ....
20 χωρὶς ἡμῶν ἐβασιλεύσατε· ....
21 καὶ ὄφελόν γε ἐβασιλεύσατε, ...
22 ἵνα καὶ ἡμεῖς ὑμῖν συμβασιλεύσωμεν. ....

1 Kor 4,3–8

διακρίνω richten, hervorheben – StF?   καυχάομαι sich rühmen

1 εἰς ἐλάχιστόν ἐστιν: „Es ist noch das Geringste"
3 ἡμέρα: eigtl. Tag, Frist – was kann er meinen?
8 ὥστε: neuer Hauptsatz, „daher: …"
9 ἕως: bis …; wie verstehen Sie hier ἄν + ...?
13 τὸ „Μὴ ὑπὲρ ἃ γέγραπται": substantivierter Ausdruck, „das (Motto): Nicht-über-das-Geschriebene-hinaus"
14 φυσιοῦσθε ist hier Konjunktiv von φυσιόω, wäre also klassisch: φυσιῶσθε
14/15 ὑπέρ bzw. κατά: in der Rechtssprechung: „im Interesse von" bzw. „gegen"
18 καυχᾶ-σαι mit unkontrahierter Primärendung (klassisch: καυχᾷ)
19 κεκορεσμένοι kommt von κορέννυμι: sättigen
21 ὄφελον + Inf.: drückt einen unerfüllbar gedachten Wunsch aus: „wäre es doch so, dass …"

Schritt 1 bis 10: Was Sie gelernt haben und können

Checkliste 1 – Sie entziffern und sprechen aus

Schritt 1	Das griechische Alphabet
Schritt 1	Griechische Wörter
Schritt 1	Griechische Sprechzeichen – Akzente und Spiritus
Schritt 1	Griechische Satzzeichen
Schritt 1	Griechische Texte

Checkliste 2 – Sie erkennen Nomen in ihren Formen und Funktionen

Schritt 1+2	Orts- und Personennamen der a-Deklination
	Orts- und Personennamen der o-Deklination
	Orts- und Personennamen der konsonantischen Deklination
Schritt 2	Nomen der a-Deklination
	Nomen der o-Deklination
	Nomen der konsonantischen Deklination
Schritt 4	Nomen mit σ-Stämmen
Schritt 5	Nomen mit ευ-Stämmen
Schritt 6	Nomen mit ι-Stämmen
Schritt 2	Der bestimmte Artikel
Schritt 3	Personalpronomen
	Possessivpronomen
Schritt 4	Demonstrativpronomen
Schritt 9	Reflexivpronomen
Schritt 10	Interrogativpronomen
Schritt 4	Relativpronomen
Schritt 2+5	Adjektive (als eine Gruppe innerhalb der Nomen)
Schritt 5	Adjektive im Komparativ
Schritt 5	Adjektive im Superlativ
Schritt 5	Adjektive, unregelmäßig gesteigert

Checkliste 3 – Sie erkennen Verben in ihren Formen und Funktionen

Schritt 2+3	Verben der thematischen Konjugation
	Verben der athematischen Konjugation
Schritt 4	Das (Hilfs-)verb „sein"
Schritt 9	Das Verb „wissen"
Schritt 9	Die „vier großen" μι-Verben: geben, setzen, schicken, stellen
Schritt 2+5	Verben in ihren Genera Verbi: Aktiv – Medium – Passiv
Schritt 3	<u>Verben auf der Zeitstufe Gegenwart (Indikativ, augmentlos)</u>
	Präsens
Schritt 9	Perfekt
Schritt 3	<u>Verben auf der Zeitstufe Vergangenheit (Indikativ, mit Augment)</u>
	Imperfekt
	Aorist
Schritt 9	(Plusquamperfekt)
Schritt 8	<u>Verben auf der Zeitstufe Zukunft</u>
	Futur, Infinitive und Partizipien vom Futurstamm
Schritt 4 ff.	<u>Verben ohne feste Zeiten – Aspekte</u>
Schritt 7	Infinitive vom Präsens- bzw. Aoriststamm
Schritt 5	Partizipien vom Präsens- bzw. Aoriststamm
Schritt 9	Infinitive und Partizipien vom Perfektstamm
Schritt 4	Imperative vom Präsens- bzw. Aoriststamm
Schritt 8	Konjunktive vom Präsens- bzw. Aoriststamm
Schritt 10	Optative vom Präsens- bzw. Aoriststamm

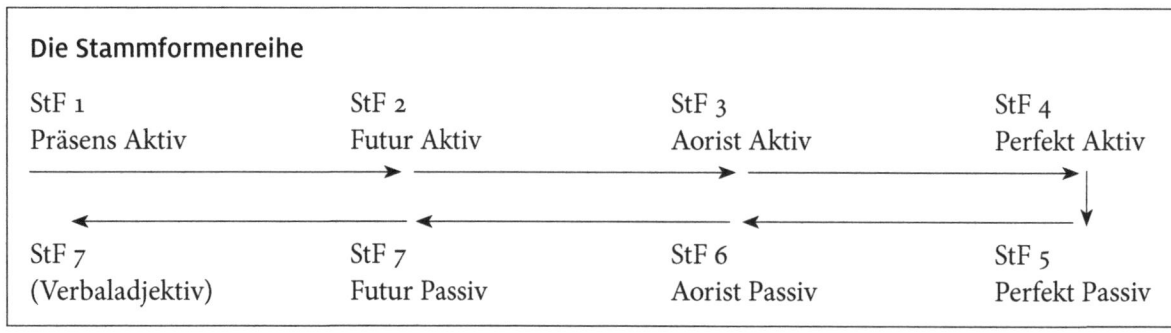

Die Stammformenreihe

StF 1	StF 2	StF 3	StF 4
Präsens Aktiv	Futur Aktiv	Aorist Aktiv	Perfekt Aktiv

StF 7	StF 7	StF 6	StF 5
(Verbaladjektiv)	Futur Passiv	Aorist Passiv	Perfekt Passiv

Checkliste 4 – Sie verstehen Satzglieder, Sätze und Texte

Schritt 4+5	Die Satzglieder Subjekt und Prädikat
Schritt 2+6	Attribute beim Subjekt
Schritt 7	Infinitiv als Subjekt
Schritt 4	Prädikat aus Hilfsverb „sein" und Prädikatsnomen
Schritt 7	Prädikat aus finitem Verb + Infinitiv
Schritt 9	Prädikat aus finitem Verb + Partizip
Schritt 2+7	Objekte
Schritt 2+6	Attribute beim Objekt – KNG-Kongruenz
Schritt 4	Attributsätze (Relativsätze)
Schritt 5	Attributive Partizipien
Schritt 7	Infinitiv als Objekt – Accusativus cum Infinitivo (A.c.I.)
Schritt 7	Adverbiale Bestimmungen
Schritt 6+8	Participium Coniunctum (P.C.)
Schritt 8	Genetivus Absolutus
Schritt 8	Accusativus Absolutus
Schritt 2 ff.	Adverbiale Gliedsätze
Schritt 2	Zeit und Grund
Schritt 10	Gegengrund
Schritt 7	Folge
Schritt 8	Ziel
Schritt 10	Bedingung
Schritt 2 ff.	Partikeln und Konnektoren
Schritt 4, 8, 10	Modi im Hauptsatz
Schritt 8+10	Modi im Gliedsatz

Schritt 11–16: Was Sie lesen und neu lernen

Die Schritte 11–16 bauen das erworbene Grundlagenwissen aus. Es wird vorausgesetzt, dass Sie in vorgegebenen Schritten selbstständig kursbegleitend Platons Apologie lesen.
Auf den ersten drei Seiten der Schritte 11–16 finden Sie jeweils eine inhaltliche Einführung in die Lektüre. Daran anschließend finden Sie wiederholende und aufbauende Übungen. Sie arbeiten stets mehrdimensional an Grammatik und Syntax. Auf der Examen-Seite ermitteln Sie anhand eines vorstrukturierten Leseprotokolls sprachliche und inhaltliche Auffälligkeiten der gelesenen Apologie-Kapitel.

Schritt 11	Apologie I–III
Neu	Adverb
Neu	3. P. Imperativ + Gerundiv
Neu	Obliquus
Schritt 12	**Apologie IV–VI**
Neu	Dual des Nomens
Neu	Dual des Verbs
Neu	Irrealis + Verneinung: οὐ und μή
Schritt 13	**Apologie VII–X**
Neu	ταῦτα + ταὐτά
Neu	περὶ πολλοῦ ποιεῖσθαι
Neu	Indirekte Fragen
Schritt 14	**Apologie XI–XVIII**
Neu	Vokativ
Neu	Endbetonte Imperative
Neu	Finaler Infinitiv
Schritt 15	**Apologie XIX–XXVIII**
Neu	Deklination der ι- und υ-Stämme
Neu	Verbalklassen + -gruppen
Neu	Prädikative Ergänzungen
Schritt 16	**Apologie XXIX–XXXIII**
Neu	Vergleich mit der neugriechischen Deklination (Ausschnitt)
Neu	Vergleich mit der neugriechischen Konjugation (Ausschnitt)
Neu	Übersicht: Satzarten

Schritt 11: Sokrates tut Unrecht

Sie lesen

- die ersten drei Abschnitte der Apologie
- vom Zusammenhang von Gerechtigkeit, Weisheit und Wahrheit
- offene und verdeckte Anklagen

Sie wiederholen

- Verben und Stammformen
- Ausdrucksmöglichkeiten des Irrealis

Sie lernen neu

- Adverbien
- weitere Stammformen
- den Imperativ der 3. Person und das Gerundiv
- den abhängigen Optativ (obliquus)

Sokrates steht vor Gericht. Die Anklage ist verlesen worden. Er stutzt. Er habe sich selbst in dem, was da gegen ihn vorgetragen wurde, nicht wiedererkannt, sagt er. Damit ist er beim Kern dessen, worum es ihm geht: Sich selbst zu erkennen – mit einem gesunden Maß an Distanz.

BASIS — SCHRITT 11: SOKRATES TUT UNRECHT

Sokrates – Die Anklageschrift

Dies ist der Anfang der **Memorabilia**, die **Xenophon** seinem Lehrer gewidmet hat. Übersetzen Sie. Informieren Sie sich über den Prozess des Sokrates: Wer waren die Ankläger, was war die rechtliche Grundlage? Wie lief ein Prozess / dieser Prozess ab?

1 Πολλάκις ἐθαύμασα, τίσι ποτὲ λόγοις ....
2 Ἀθηναίους ἔπεισαν οἱ γραψάμενοι ....
3 Σωκράτην, ὡς ἄξιος εἴη θανάτου ....
4 τῇ πόλει. Ἡ μὲν γὰρ γραφὴ ....
5 κατ' αὐτοῦ τοιάδε τις ἦν· ....

> 6 Ἀδικεῖ Σωκράτης,
> 7 οὓς μὲν ἡ πόλις νομίζει θεούς,
> 8 οὐ νομίζων,
> 9 ἕτερα δὲ καινὰ δαιμόνια
> 10 εἰσφέρων. Ἀδικεῖ δὲ καὶ
> 11 τοὺς νέους διαφθείρων.

1   τίσι λόγοις: Dat. auf die Frage: womit?; ποτε: wörtl.: irgendwann (S. 102), oft so schwach, dass es in der Übersetzung wegfällt.
1/2 Was ist Subjekt, was Objekt?
2   γράφω – Lesen Sie im Lexikon den vollständigen Artikel.
3   ὡς = ὅτι; Nebensinn …? (S. 88); indirekte Rede – Modus …? (S. 118)
4   τῇ πόλει: Dat. auf die Frage: für wen?
7   οὕς … θεούς: verschränkter Relativsatz; stellen Sie θεούς vor das Rel.Pron.

Lernen Sie die StF von διαφθείρω.

LESETIPP

Sammeln Sie Gerichts-Vokabeln und tragen Sie sie ein.

Gericht	....	Beweis	....
richten	....	sich verteidigen	....
Richter	....	Rede	....
anklagen	....	Redner	....
Anklage	....	zugunsten	....
Ankläger	....	gegen	....
Anklageschrift	....	Strafe	....

LOGOS

Sokrates – Die Verteidigung

Übersetzen Sie: Wie geht Xenophon mit dem Blasphemie-Vorwurf gegen Sokrates um? Was unterscheidet Sokrates von den ἄλλοι? Markieren Sie den Schlüsselsatz.

1 Πρῶτον μὲν οὖν, ὡς οὐκ ἐνόμιζεν, ...
2 οὓς ἡ πόλις νομίζει θεούς· ....
3 ποίῳ ποτ' ἐχρήσαντο τεκμηρίῳ; ... .
4 Διετεθρύλητο γάρ, ὡς φαίη Σωκράτης ....
5 τὸ δαιμόνιον ἑαυτῷ σημαίνειν· ....
6 ὅθεν δὴ καὶ μάλιστά μοι δοκοῦσιν ....
7 αὐτὸν αἰτιάσασθαι ....
8 καινὰ δαιμόνια εἰσφέρειν. ....
9 Ὁ δ' οὐδὲν καινότερον εἰσέφερε ....
10 τῶν ἄλλων, ὅσοι μαντικὴν νομίζοντες ....
11 οἰωνοῖς τε χρῶνται καὶ φήμαις ....
12 καὶ συμβόλοις καὶ θυσίαις. ....
13 Οὗτοί τε γὰρ ὑπολαμβάνουσιν ....
14 οὐ τοὺς ὄρνιθας οὐδὲ τοὺς ἀπαντῶντας ....
15 εἰδέναι τὰ συμφέροντα τοῖς μαντευομένοις, ...
16 ἀλλὰ τοὺς θεοὺς διὰ τούτων αὐτὰ σημαίνειν. ....
17 Κἀκεῖνος δὲ οὕτως ἐνόμιζεν. ....
18 Ἀλλ' οἱ μὲν πλεῖστοί φασιν ....
19 ὑπό τε τῶν ὀρνίθων καὶ τῶν ἀπαντώντων ....
20 ἀποτρέπεσθαί τε καὶ προτρέπεσθαι· ....
21 Σωκράτης δ' ὥσπερ ἐγίγνωσκεν, οὕτως ἔλεγε· ....
22 τὸ δαιμόνιον γὰρ ἔφη σημαίνειν. ....

Xenophon, Memorabilia 1,1,2–4

3   χράομαι + Dat. – benutzen – StF?
4   ὡς φαίη: indirekte Rede + ? (Modus von φημί?)
6   ὅθεν δὴ καὶ μάλιστα: „daher auch vor allem"
9/10   Gen. bei Komparativ = ? (S. 72)
11/12   = Vogelflug, Stimmen (φημί!), Zeichen, Opfer
14   τοὺς ἀπαντῶντας: Partizip Aktiv mit Artikel; Personen, die einem zufällig begegnen
15   συμφέροντα von συμφέρει: es nützt (unpersönlich), davon ein neutrales Partizip?
17   κἀκεῖνος: Sehen Sie in der Grammatik nach: Krasis
18/22   Mit welcher Konstruktion steht φημί? (S. 70)

Adjektiv und Adverb

Wie ein Adjektiv ein Nomen, so charakterisiert ein Adverb ein Verb:

Der weise Sokrates / Salomo war weise.   Salomo urteilte weise.

Im Griechischen hat das regelmäßig vom Adjektiv abgeleitete Adverb die Endung ως.
Es sieht, abgesehen vom Schlusskonsonanten, aus wie der Gen. Pl. m. des Adjektivs:
σοφός → σοφῶν → σοφῶς

Ein regelmäßig vom Adjektiv abgeleitetes Adverb wird gesteigert

mit dem **Komparativ Akk. Sg. n.** des Adjektivs: σοφώτερον
mit dem **Superlativ Akk. Pl. n.** des Adjektivs: σοφώτατα

> Das Adjektiv ἀγαθός bildet kein regelmäßiges Adverb.
> Das Adverb zu ἀγαθός heißt εὖ (Komparativ: ἄμεινον; Superlativ: ἄριστα).

Anstelle eines Adverbs steht bisweilen der **Accusativus Graecus** (S. 72) des Adjektivs:

| sehr | μέγα | πολύ | Sg. n. (wörtlich: „in Bezug auf viel") |
| wenig | μικρόν | ὀλίγον | Sg. n. (wörtlich: „in Bezug auf wenig") |

Apologie: Schlüsselwörter zum Lernen

δίκαιος 3   Die Anklage beginnt laut Xenophon mit den Worten: Ἀδικεῖ Σωκράτης. Die Frage nach dem δίκαιον ist gestellt. Sokrates erklärt es für sein Recht, sich zu verteidigen – δίκαιός εἰμι ἀπολογήσασθαι (S. 70); im Kern geht es um mehr: εἰ δίκαια λέγω ἢ μή (Akk. Pl. n.).

σοφός 3   Laut Platon wurzelt die Anklage in der verbreiteten Meinung: ὡς ἔστι Σωκράτης τις, σοφὸς ἀνήρ – ein Mann, der sein Wissen nutze, um zu manipulieren. Sokrates hingegen verbindet σοφία mit ἀλήθεια, Wahrheit.

ἀληθής 2   Τἀληθῆ λέγειν – das ist es, was Sokrates, bar aller Kunstfertigkeit, verspricht (Akk. Pl. n. des Adjektivs anstelle des Substantivs). Den Gegnern wird das Gegenteil bescheinigt: καίτοι ἀληθές γε οὐδὲν εἰρήκασιν. Die Anklagen, sagt Sokrates, seien ψευδῆ (Pl. n. von ψευδής 2, erlogen).

δεινός 3   Die Zuhörer seien gewarnt, sagt Sokrates, er sei δεινὸς λέγειν – gewaltig, gefährlich im Reden. Der Vorwurf der Manipulation klingt an. Darauf Sokrates: Wie kommen sie darauf – es sei denn, sie setzen δεινὸς λέγειν gleich mit τἀληθῆ λέγειν.

SCHRITT 11: SOKRATES TUT UNRECHT — PRAXIS

Identifizieren Sie alle Adverbien. Welche sind regelmäßig gebildet? Schreiben Sie sie heraus und geben Sie für diese die jeweils fehlenden Komparationsformen an.

ΝΥΝΟΥΝΩΔΕΕΤΙΑΕΙΠΡΩΤΟΝ	....
ΠΑΝΤΑΕΥΘΥΣΚΑΛΛΙΣΤΑ	....
ΑΡΙΣΤΑΤΩΙΟΝΤΙΤΟΤΕ	....
ΑΚΙΝΔΥΝΩΣΠΑΝΤΑΠΑΣΙΝ	....
ΟΡΘΩΣΑΠΛΩΣΟΥΤΩΣΗΔΕΩΣ	....

Im Dialog **Gorgias** diskutiert Sokrates mit Kallikles darüber, ob dieser ein guter Politiker sei. – Übersetzen Sie und erklären Sie syntaktisch, warum βελτίω (= βελτίονα) in Zeile 7 hier **kein** Adverb ist. Lernen Sie die Stammformen von ποιέω und ἀποκρίνομαι.

1 Σ.· Φέρε, Καλλικλῆς ἤδη τινὰ βελτίω
2 πεποίηκεν τῶν πολιτῶν;
3 Ἔστιν, ὅστις πρότερον πονηρὸς ὤν,
4 ἄδικός τε καὶ ἀκόλαστος καὶ ἄφρων,
5 διὰ Καλλικλέα καλός τε κἀγαθὸς γέγονεν,
6 ἢ ξένος ἢ ἀστός, ἢ δοῦλος ἢ ἐλεύθερος;
7 λέγε μοι, … τίνα φήσεις βελτίω
8 πεποιηκέναι ἄνθρωπον τῇ συνουσίᾳ τῇ σῇ;
9 … ἢ οὐ πολλάκις ἤδη ὡμολογήκαμεν
10 τοῦτο δεῖν πράττειν τὸν πολιτικὸν ἄνδρα;
11 ὡμολογήκαμεν ἢ οὔ; ἀποκρίνου.
12 ὡμολογήκαμεν, ἐγὼ ὑπὲρ σοῦ ἀποκρινοῦμαι.

Aus: Platon, Gorgias 515a-c

1 φέρε: Im Gespräch: „Sag mal …" / „Komm schon!"
3 Was bedeutet der Akut auf der ersten Silbe von ἔστιν? (S. 38)
8 Dativ auf die Frage: wodurch, womit?
11 Bestimmen Sie sorgfältig: ἀποκρίνου (S. 40).

Konjugieren: Imperativ

Neben den Imperativen der 2. Person (S. 40) gibt es im Griechischen auch einen Imperativ in der 3. P. Sg. + Pl.: ἔστω – es sei, es soll sein; ἀκουόντων – sie sollen hören.

Διαβὰς εἰς Μακεδονίαν βοήθη<u>σον</u> ἡμῖν. Komm nach Makedonien und hilf uns.	2. P. Sg. Aor. Aktiv
Ἀκού<u>ετε</u>. Hört!	2. P. Pl. Präs. Aktiv
Ἰδ<u>οὺ</u> ἐξῆλθεν ὁ σπείρων σπεῖραι. Siehe, ein Sämann ging aus, um zu säen.	ursprünglich ἰδοῦ = 2. P. Sg. Aor. Medium
Προσεύχ<u>εσθε</u> ὑπὲρ τῶν διωκόντων ὑμᾶς. Betet für die, die euch verfolgen.	2. P. Pl. Präs. Medium
Ὃς ἔχει ὦτα ἀκούειν, ἀκου<u>έτω</u>. Wer Ohren hat zu hören, der höre.	3. P. Sg. Präs. Aktiv

Gerundiv

Eine Verbform, wie ein Adjektiv dekliniert, ist das Partizip (S. 54) – auf ων, μενος, σας, θείς, κως. Mit der Endung τέος 3 (ebenfalls wie ein Adjektiv) dagegen lässt sich zu einem Verb ein Verbaladjektiv bilden; es drückt aus, was – **passiv!** – zu geschehen hat. Das Verbaladjektiv auf τέος entspricht dem lateinischen Gerundivum: Ἀλήθειά ἐστι τιμητέα. – Die Wahrheit muss geehrt werden. = Die Wahrheit ist zu ehren. = Man muss die Wahrheit ehren.

Häufiger wird **unpersönlich** konstruiert. d. h. das Verbaladjektiv steht im Nom. Sg. n.:

Τῷ νόμῳ πειστέον καὶ ἀπολογητέον. – Es gilt, dem Gesetz zu gehorchen und sich zu verteidigen. Ἀπολογητέον ἐστὶν καὶ ἐπιχειρητέον ὑμῶν ἐξελέσθαι τὴν διαβολήν. – Man muss sich verteidigen und versuchen, euch die Verleumdung aus (dem Herzen) zu reißen.

Apologie: Schlüsselwörter zum Lernen

Überzeugen und überzeugt werden – πείθω und πείθομαι – spielen in der ersten Rede eine wichtige Rolle, ebenso weitere Verben des Sprechens, Meinens und Denkens.

Angesichts der Gerichtssituation ist außerdem viel die Rede von Zwang: außer Imperativen und Gerundiven gibt es dafür auch Formeln: δεῖ, χρή und ἀναγκαῖόν ἐστιν.

Fünfmal Aufforderung – nur viermal Imperativ: Übersetzen Sie und finden Sie die Ausnahme – wie ist hier die Aufforderung ausgedrückt?

Eine laute Stimme zu Johannes, dem Seher:

1 Ὃ βλέπεις, γράψον εἰς βιβλίον ....
2 καὶ πέμψον ταῖς ἑπτὰ ἐκκλησίαις. ....

Klearch in einer gefährlichen Situation:

3 Σὺ οὖν πρὸς θεῶν συμβούλευσον ἡμῖν, ...
4 ὅτι σοι δοκεῖ κάλλιστον καὶ ἄριστον εἶναι. ....

Klearch, wenig später:

5 Κλέαρχος δ᾽ ἔλεξεν· ....
6 „Ἀπάγγελλε τοίνυν καὶ περὶ τούτου, ...
7 ὅτι καὶ ἡμῖν ταὐτὰ δοκεῖ, ...
8 ἅπερ καὶ βασιλεῖ." ....

Jesus auf die Frage nach dem höchsten Gebot:

9 Τὸ γὰρ ‚οὐ μοιχεύσεις, οὐ φονεύσεις, ...
10 οὐ κλέψεις, οὐκ ἐπιθυμήσεις‘, ...
11 καὶ εἴ τις ἑτέρα ἐντολή, ...
12 ἐν τῷ λόγῳ τούτῳ ἀνακεφαλαιοῦται ἐν τῷ· ....
13 ‚Ἀγαπήσεις τὸν πλησίον σου ὡς σεαυτόν.‘ ....

Jeremia hinsichtlich dessen, worauf man stolz sein kann:

14 Ὁ καυχώμενος ἐν κυρίῳ καυχάσθω. ....

4 ὅτι kommt hier von ὅστις, ἥτις, ὅτι
7 ταὐτά: mit Krasis – eigentlich: τὰ αὐτά = dasselbe
8 ἅπερ = ἅ + περ (verstärkende Partikel), zu übersetzen wie ἅ
14 καυχάομαι: sich rühmen

Zusatzaufgabe
Es gibt drei Verben, die leicht zu verwechseln sind: εἰμί, εἶμι und ἵημι – sein, gehen (werden), schicken. Orientieren Sie sich in der **Grammatik** und finden Sie für sich Unterscheidungskriterien.

THEORIE — SCHRITT 11: SOKRATES TUT UNRECHT

Abhängige Sätze: Obliquer Optativ

In Vergangenheitszusammenhängen kann der Optativ an die Stelle des **Konjunktivs im Gliedsatz** treten, z. B. nach ἵνα, ὡς, ὅπως (S. 82).

Παρακαλεῖ τὸν Ἰησοῦν, ἵνα/ὅπως τὸν παῖδα αὐτοῦ σώσῃ.
Er bittet Jesus, seinen Knecht zu retten.

Παρεκάλεσε τὸν Ἰησοῦν, ἵνα/ὅπως τὸν παῖδα αὐτοῦ σώσαι (= σώσειεν).
Er bat Jesus, seinen Knecht zu retten.

Der Optativ ersetzt den **Indikativ im Gliedsatz**, wenn über die äußere Logik hinaus eine innere Abhängigkeit besteht (d. h. der Inhalt des Gliedsatzes aus der Perspektive des Subjekts des übergeordneten Satzes formuliert ist):

Διετεθρύλητο γάρ, ὡς <u>φαίη</u> Σωκράτης	Es gab das Gerücht, dass Sokrates <u>behaupte</u>,
τὸ δαιμόνιον ἑαυτῷ σημαίνειν.	ein Göttliches gebe ihm Zeichen.
(Κῦρος) ἐκάλεσε … ὑποσχόμενος αὐτοῖς,	Kyros rief (sie) … und versprach ihnen,
	er werde,
εἰ καλῶς <u>καταπράξειεν</u>,	wenn er gut <u>vollende</u>,
ἐφ' ἃ ἐστρατεύετο,	wozu er mit dem Feldzug begonnen habe,
μὴ πρόσθεν παύσεσθαι,	nicht eher ruhen,
πρὶν αὐτοὺς <u>καταγάγοι</u> οἴκαδε.	bis er sie wieder nach Hause <u>geführt habe</u>.

Schritt 10, S. 105

Eine solche innere Abhängigkeit (indirekte Rede) ist im Deutschen mit Konjunktiv wiederzugeben (nach deutschen Regeln: Konj. I vor Konj. II), bisweilen auch im Indikativ unter Beachtung des übergeordneten Tempus.

Ü-TIPP

Sinngemäß übersetzen!

Nennen Sie den Optativ beim Namen – **Optativus obliquus** –, aber versuchen Sie nicht krampfhaft, ihn nachzumachen: Im Deutschen gibt es keinen Modus namens Optativ. Es gelten die Regeln der deutschen Grammatik und Syntax.

LERNTIPP

Wiederholen Sie die Funktionen der Moduspartikel ἄν (S. 100):

eventual (prospektiv)	ἄν + Konjunktiv	„… auch immer"
potential	ἄν + Optativ	„dürfte/könnte (wohl)"
irreal	ἄν + Augmenttempus	„würde, hätte, wäre"

SCHRITT 11: SOKRATES TUT UNRECHT — **PRAXIS**

Drei Texte mit indirekter Rede – nur zweimal mit obliquem Optativ. Nehmen Sie einerseits zur Kenntnis: Der Gebrauch ist nicht zwingend. Finden Sie andererseits einen Grund für den Nicht-Gebrauch bei Matthäus.

Τισσαφέρνης διαβάλλει τὸν Κῦρον ....

πρὸς τὸν ἀδελφόν, ...

ὡς ἐπιβουλεύοι αὐτῷ. ....

Xenophon, Anabasis 1,1,3

Πάλιν ἔλεγεν ὁ Θηραμένης, ὅτι, ...

εἰ μή τις κοινωνοὺς ἱκανοὺς ....

λήψοιτο τῶν πραγμάτων, ...

ἀδύνατον ἔσοιτο τὴν ὀλιγαρχίαν διαμένειν. ....

Xenophon, Hellenika 2,3,17

λαμβάνω – StF?

1	Ἀπὸ τότε ἤρξατο ὁ Ἰησοῦς δεικνύειν	....
2	τοῖς μαθηταῖς αὐτοῦ, ὅτι δεῖ αὐτὸν	....
3	εἰς Ἱεροσόλυμα ἀπελθεῖν	....
4	καὶ πολλὰ παθεῖν ἀπὸ τῶν	....
5	πρεσβυτέρων καὶ τῶν ἀρχιερέων	....
6	καὶ γραμματέων καὶ ἀποκτανθῆναι	....
7	καὶ τῇ τρίτῃ ἡμέρᾳ ἐγερθῆναι.	....
8	Καὶ προσλαβόμενος αὐτὸν ὁ Πέτρος	....
9	ἤρξατο ἐπιτιμᾶν αὐτῷ λέγων·	....
10	„Ἵλεώς σοι, κύριε· οὐ μὴ ἔσται σοι τοῦτο."	....
11	Ὁ δὲ στραφεὶς εἶπεν τῷ Πέτρῳ·	....
12	„Ὕπαγε ὀπίσω μου, Σατανᾶ·	....
13	σκάνδαλον εἶ ἐμοῦ, ὅτι οὐ φρονεῖς	....
14	τὰ τοῦ θεοῦ, ἀλλὰ τὰ τῶν ἀνθρώπων."	....

Mt 16,21–23

10 Ἵλεώς σοι: Gott behüte!; οὐ μή: starke Abwehr: bloß nicht

Zusatzaufgabe
Lernen Sie StF πάσχω (4), ἀποκτείνω (6), ἐγείρω (7), στρέφω (11).

EXAMEN

SCHRITT 11: SOKRATES TUT UNRECHT

Lesen Sie die ersten drei Kapitel der Apologie. Machen Sie sich dabei Notizen zu den folgenden Fragen und Aufgaben.

I.

Mit welchem Verb ist das Adverb πιθανῶς verwandt? ....

Wo finden Sie Imperativ, Konjunktiv, Optativ? ....

τὸ γὰρ μὴ αἰσχύνεσθαι ... – wo wird das τό aufgegriffen? ....

Mit welchem Modus übersetzen Sie ὀλίγου ἐπελαθόμην (wenn ὀλίγου heißt: um ein Haar, fast, beinahe)? ....

Welche Attribute spricht Sokrates anderen zu, welche sich selbst?

....

Vergleichen Sie die Satzlängen: wenn Sokrates von anderen, wenn er von sich spricht: Was für einen Sinn hat es, dass Sokrates betont, er sei nicht redegewandt?

II.

τὸν ἥττω λόγον κρείττω ποιῶν – finden Sie die Positive zu den unregelmäßigen Komparativen.

....

Identifizieren Sie zwei Genitivi Absoluti (S. 78).

....

Wie übersetzen Sie τυγχάνει ὤν (S. 88)? ....

Wo finden Sie Perfekt, wo ein Verbaladjektiv, wo einen Imperativ der 3. Person?

....

Mit welchem Verb ist das Nomen διαβολή verwandt? ....
Vergleichen Sie die Anklage, die Sokrates zitiert, mit der, die Xenophon nennt.
Was meint Sokrates mit οἱ πρῶτοι κατήγοροι?
Auf welchen Komödiendichter spielt Sokrates an? ....
Informieren Sie sich über „Die Wolken".

III.

Μή πως φύγοιμι – Wie übersetzen Sie den Optativ im Hauptsatz (Grammatik!)?
Figura etymologica heißt das Stilmittel, zwei verschiedene Wortarten aus derselben Wortfamilie nebeneinander zu stellen – wo finden Sie es im Text?

....

Inwiefern kann man einem Menschen vorwerfen, „herumzugehen und sich für Himmel und Hölle zu interessieren?" Kennen Sie vergleichbare Fälle?

Schritt 12: Ich weiß, dass ich nichts weiß

Sie lesen

- die Abschnitte IV bis VI der Apologie
- von Wissen, das man (nicht) kaufen kann, und einem Orakel
- von Sokrates' Suche nach einem, der weiser sei als er

Sie wiederholen

- Verben und Stammformen
- Ausdrucksmöglichkeiten des Optativs

Sie lernen neu

- den Dual der Nomen
- weitere Stammformen
- die Verbformen des Duals
- Besonderheiten der griechischen Verneinung

Erkenne dich selbst! – So stand es über dem Eingang zum Orakel von Delphi.
Sokrates ist der weiseste aller Menschen. – So soll es das Orakel verkündigt haben.
Ich weiß, dass ich nichts weiß. – Davon war Sokrates überzeugt.
Und so machte er sich auf, das Orakel zu widerlegen.

BASIS — SCHRITT 12: ICH WEISS, DASS ICH NICHTS WEISS

Sokrates – Verderben oder Vorbild der Jugend?

1 Καὶ πολλοῖς τῶν συνόντων ....
2 προηγόρευε τὰ μὲν ποιεῖν, ...
3 τὰ δὲ μὴ ποιεῖν, ...
4 ὡς τοῦ δαιμονίου προσημαίνοντος. ....
5 Καὶ τοῖς μὲν πειθομένοις αὐτῷ ....
6 συνέφερε, τοῖς δὲ μὴ πειθομένοις ....
7 μετέμελε. ....

Xenophon, Memorabilia 1,1,4

1 συνόντων von ...., substantiviert: ....
2 προαγορεύω: „zuraten"; verwandt mit ....?
3 τὰ μέν … τὰ δέ ....?
4 Konstruktion? .... – Sinn des einleitenden ὡς? .... (S. 88).
5 συμφέρει sowohl persönlich – er nützt – als auch unpersönlich – es nützt
6 μέλει μοι es kümmert mich; μεταμέλει μοι: es be-kümmert mich.

LESETIPP

Gorgias, Prodikos, Keios und Hippias nennt Sokrates als professionelle Erzieher der Jugend. Er hebt darauf ab, dass sie Geld nehmen und dass sie τέχνη statt ἀλήθεια lehren. – Informieren Sie sich über die so genannten Sophisten und machen Sie sich klar, warum Sokrates alles andere war als ein Sophist.

Sokrates spricht kostenlos und öffentlich

Πρῴ τε γὰρ εἰς τοὺς περιπάτους ....
καὶ τὰ γυμνάσια ᾔει καὶ ....
πληθούσης ἀγορᾶς ἐκεῖ φανερὸς ἦν, ...
καὶ τὸ λοιπὸν ἀεὶ τῆς ἡμέρας ἦν, ...
ὅπου πλείστοις μέλλοι συνέσεσθαι· ....
καὶ ἔλεγε … τοῖς δὲ βουλομένοις ἐξῆν ἀκούειν. ....

Xenophon, Memorabilia 1,1,10

Markieren Sie den Genitivus Absolutus.
Unterscheiden Sie εἰμί und εἶμι.
Lernen Sie μέλλω ποιήσειν: vorhaben, etw. zu tun (nicht verwechseln mit μέλει μοι, s. o.)

SCHRITT 12: ICH WEISS, DASS ICH NICHTS WEISS — LOGOS

Sokrates fragt Euthydemos (S. 95 f.) nach der Inschrift am Apollon-Tempel von Delphi.

1   Καὶ ὁ Σωκράτης· „Εἰπέ μοι", ἔφη, „ὦ Εὐθύδημε,
2   εἰς Δελφοὺς δὲ ἤδη πώποτε ἀφίκου;"
3   „Καὶ δίς γε νὴ Δία", ἔφη.
4   „Κατέμαθες οὖν πρὸς τῷ ναῷ που
5   γεγραμμένον τὸ ‚Γνῶθι σαυτόν';"
6   „Ἔγωγε."
7   „Πότερον οὖν οὐδέν σοι τοῦ γράμματος ἐμέλησεν
8   ἢ προσέσχες τε καὶ ἐπεχείρησας σαυτὸν
9   ἐπισκοπεῖν, ὅστις εἴης;"
10 „Μὰ Δί' οὐ δῆτα", ἔφη· „καὶ γὰρ δὴ
11 πάνυ τοῦτό γε ᾤμην εἰδέναι.
12 σχολῇ γὰρ ἂν ἄλλο τι ᾔδειν,
13 εἴ γε μηδ' ἐμαυτὸν ἐγίγνωσκον."
14 „Πότερα δέ σοι δοκεῖ γιγνώσκειν ἑαυτόν,
15 ὅστις τοὔνομα τὸ ἑαυτοῦ μόνον οἶδεν,
16 ἢ ὅστις, ὥσπερ οἱ τοὺς ἵππους ὠνούμενοι
17 οὐ πρότερον οἴονται γιγνώσκειν, ὃν ἂν
18 βούλωνται γνῶναι, πρὶν ἂν ἐπισκέψωνται,
19 πότερον εὐπειθής ἐστιν ἢ δυσπειθής, καὶ
20 πότερον ἰσχυρὸς ἢ ἀσθενής, καὶ πότερον
21 ταχὺς ἢ βραδύς ... – οὕτως ἑαυτὸν
22 ἐπισκεψάμενος, ὁποῖός ἐστι πρὸς τὴν
23 ἀνθρωπίνην χρείαν, ἔγνωκε τὴν αὑτοῦ δύναμιν;"
24 „Οὕτως ἔμοιγε δοκεῖ", ἔφη, „ὁ μὴ εἰδὼς
25 τὴν αὑτοῦ δύναμιν ἀγνοεῖν ἑαυτόν."
26 „Ἐκεῖνο δὲ οὐ φανερόν", ἔφη, „ὅτι διὰ μὲν
27 τὸ εἰδέναι ἑαυτοὺς πλεῖστα ἀγαθὰ
28 πάσχουσιν ἄνθρωποι, διὰ δὲ τὸ ἐψεῦσθαι
29 ἑαυτῶν πλεῖστα κακά;"

Xenophon, Memorabilia 4,2,24–26

2   ἀφικνέομαι, ἀφίξομαι, ἀφικόμην – wo ist das Augment?
12/13   σχολῇ: (Adv.) schwerlich; überlegen Sie vor dem Übersetzen: ἄν + ?
16/17/18 ὠνέομαι: kaufen; überlegen Sie vor dem Übersetzen: ἄν + ?
28   ἐψεῦσθαι: s. ψεύδω – StF? Wiederholen Sie StF πάσχω, οἶδα, μανθάνω.

THEORIE — SCHRITT 12: ICH WEISS, DASS ICH NICHTS WEISS

Deklinieren: Dual

Ἐπεὶ δὲ ἠσθένει Δαρεῖος ...
καὶ ὑπώτευε τελευτὴν τοῦ βίου, ...
ἐβούλετο τὼ παῖδε ἀμφοτέρω παρεῖναι.   dass beide Söhne anwesend waren.

Schritt 3, S. 33

In Fällen betonter Paarigkeit wird im Griechischen statt des allgemeinen Plurals dezidiert der Dual (Zweizahl) gebildet. Im Nominativ und Akkusativ endet er auf α, ω, ε (a-Dekl., o-Dekl., kons. Dekl.), im Genitiv und Dativ auf αιν, οιν, οιν.

> **LERNTIPP**
>
> Sie müssen den Dual nicht aktiv beherrschen. Es genügt, zu wissen, dass es ihn gibt, und sich daran zu erinnern, wenn er im Text vorkommt.

Die vier ersten Zahlen

Die ersten vier Zahlen sind Adjektive, und zwar jeweils 3-endig, 1-endig, 2-endig:
εἷς, μία, ἕν; δύο; τρεῖς, τρία; τέτταρες, τέτταρα. δύο wird im Dual dekliniert – δύο, δυοῖν, δυοῖν, δύο –, τρεῖς und τέτταρες im Plural.

Pronomen: Alternative Personalpronomen

Als Personalpronomen der 3. Person werden αὐτός, αὐτή, αὐτό verwendet (S. 30) – reflexiv ἑαυτόν, ἑαυτήν, ἑαυτό (S. 94). Im Plural kommen außerdem vor:
σφεῖς, σφῶν, σφίσι(ν), σφᾶς.

| Πείθουσιν τοὺς νέους | καταλιπόντας τοὺς ἄλλους | σφίσι συνεῖναι. |
| Sie überreden die Jungen, | die anderen zu verlassen | und mit ihnen zusammen zu sein. |

Apologie: Schlüsselwörter zum Lernen

τὸ εἶναι – τὸ δοκεῖν   Schein und Sein ist für Sokrates stets die Frage, sei es, dass es um die Redekunst, die Arete oder die Sophia geht.

χρήματα   Schein und Sein hat auch zu tun mit der Frage: käuflich oder nicht käuflich. Vokabeln wie Geld verdienen, bezahlen, kaufen, verkaufen, kostenlos, haben, erwerben/besitzen – sind wichtig:
χρήματα πράττομαι, τελέω, ὠνέομαι, πωλέω, προῖκα, ἔχω, κτάομαι.

SCHRITT 12: ICH WEISS, DASS ICH NICHTS WEISS — PRAXIS

Geld und Leben – übersetzen Sie die Texte unter Beachtung der Tempora und Modi.

1. Ἐθαύμαζε δ᾽, εἴ τις ἀρετὴν ἐπαγγελλόμενος ....
2. ἀργύριον πράττοιτο καὶ μὴ νομίζοι ....
3. τὸ μέγιστον κέρδος ἕξειν ....
4. φίλον ἀγαθὸν κτησάμενος, ...
5. ἀλλὰ φοβοῖτο, μὴ ὁ γενόμενος καλὸς ....
6. κἀγαθὸς τῷ τὰ μέγιστα εὐεργετήσαντι ....
7. μὴ τὴν μεγίστην χάριν ἔχοι. ....

Xenophon, Memorabilia 1,2,7

8. Καὶ ἰδοὺ εἷς προσελθὼν αὐτῷ εἶπεν· ....
9. „Διδάσκαλε, τί ἀγαθὸν ποιήσω, ...
10. ἵνα σχῶ ζωὴν αἰώνιον;" ....
11. Ὁ δὲ εἶπεν αὐτῷ· „Τί με ἐρωτᾷς περὶ ....
12. τοῦ ἀγαθοῦ; εἷς ἐστιν ὁ ἀγαθός. ....
13. Εἰ δὲ θέλεις εἰς τὴν ζωὴν εἰσελθεῖν, ...
14. τήρησον τὰς ἐντολάς. ..." ....
15. Λέγει αὐτῷ ὁ νεανίσκος· ....
16. „Πάντα ταῦτα ἐφύλαξα· τί ἔτι ὑστερῶ;" ....
17. Ἔφη αὐτῷ ὁ Ἰησοῦς· ....
18. „Εἰ θέλεις τέλειος εἶναι, ...
19. ὕπαγε πώλησόν σου τὰ ὑπάρχοντα ....
20. καὶ δὸς τοῖς πτωχοῖς, καὶ ἕξεις θησαυρὸν ....
21. ἐν οὐρανοῖς, καὶ δεῦρο ἀκολούθει μοι." ....
22. Ἀκούσας δὲ ὁ νεανίσκος τὸν λόγον ....
23. ἀπῆλθεν λυπούμενος· ....
24. ἦν γὰρ ἔχων κτήματα πολλά. ....

Mt 19,16–22

3 κέρδος ἕξειν: Gewinn haben werden; Genus des Nomens? StF von ἔχω?
5/7 φοβοῖτο, μή: fürchten, dass … – Zur Logik: S. 82 – dann aber durch das zweite μή in Zeile 7 verneint.
10 σχῶ: Form von ἔχω – welche Form?
16 ὑστερέω: im Deutschen unpersönlich: („Worin bin ich hinterher" =) Was fehlt mir?
19 σου τὰ ὑπάρχοντα: das, was du hast
20 δός: Imperativ von ? – StF?
24 ἦν γὰρ ἔχων: ungewöhnliche Konstruktion – ahmen Sie sie sinngemäß nach.

THEORIE SCHRITT 12: ICH WEISS, DASS ICH NICHTS WEISS

Konjugieren: Dual

Entsprechend den besonderen Dual-Formen in der Deklination gibt es auch Dual-Formen in der Konjugation.
Der Dual des Verbs hat nur in der 2. und 3. Person eigene Endungen:

- τον für die 2. und 3. P. Aktiv (Haupttempusendung),
- τον und την für die 2. bzw 3. P. Aktiv (Nebentempusendung) sowie Aorist Passiv;
- entsprechend σθον und σθην im Medium und Passiv (ohne Aorist).

ἐστὸν γὰρ αὐτῷ δύο υἱεῖ.	Ihm sind nämlich/Denn er hat zwei Söhne.
Εἰ μέν σου τὼ υἱεῖ πώλω ἐγενέσθην, εἴχομεν ἂν αὐτοῖν ἐπιστάτην λαβεῖν …	Wenn deine beiden Söhne Fohlen wären, dann könnten wir uns für sie einen Aufseher nehmen …

Ü-TIPP

Unbefangen übersetzen! Dual oder Plural – im Deutschen gibt es diese Unterscheidung nicht. Sie erkennen Dual – und übersetzen Plural.

Apologie: Schlüsselwörter zum Lernen

Die erste Rede der Apologie wirkt „live": vielfache direkte Ansprache an die Richter, die Zuhörer oder die Kläger: ὦ ἄνδρες Ἀθηναῖοι, ὦ Μέλητε. Noch deutlicher wird die Situation, wenn Sokrates um Ruhe bittet: μὴ θορυβήσητε … μὴ θορυβεῖτε – „Fangt doch nicht an zu lärmen!" (Aorist) oder: „Hört mit dem Lärmen auf!" (Präsens).

ἐπίσταμαι ist ein weiteres Verb der Familie „wissen". Sie kennen

- ich weiß
- ich bin mir bewusst
- ich habe gelernt
- ich habe erkannt
- ich nehme an

Es kommen weiterhin vor

- εἰμί + εἶμι
- alle StF von ἔχω, πάσχω, φέρω; dazu
- λείπω (lassen) und μέλλω (im Begriff sein/vorhaben, etw. zu tun).

Geld und Leben – lernen Sie eine weitere Position kennen und den Dialekt des ionischen Geschichtsschreibers Herodot (5. Jh. vor Chr.). Der reiche lydische König Kroisos hat den Athener Solon gefragt, ob er ihn für glücklich halte …

1   Σόλων δὲ εἶπε· „Ὦ Κροῖσε,   ……………………………………
2   ἐπιστάμενόν με τὸ θεῖον   ……………………………………
3   πᾶν ἐὸν φθονερόν τε καὶ ταραχῶδες   ……………………………………
4   ἐπειρωτᾷς ἀνθρωπηίων πρηγμάτων πέρι.   ……………………………………
5   Ἐν γὰρ τῷ μακρῷ χρόνῳ πολλὰ μὲν ἔστι ἰδεῖν,   ……………………………………
6   τὰ μή τις ἐθέλει, πολλὰ δὲ καὶ παθεῖν.   ……………………………………
7   Ἐς γὰρ ἑβδομήκοντα ἔτεα   ……………………………………
8   οὖρον τῆς ζόης ἀνθρώπῳ προτίθημι. …   ……………………………………
9   Τουτέων τῶν ἁπασέων ἡμερέων   ……………………………………
10 τῶν ἐς τὰ ἑβδομήκοντα ἔτεα, …   ……………………………………
11 ἡ ἑτέρη αὐτέων τῇ ἑτέρῃ ἡμέρῃ   ……………………………………
12 τὸ παράπαν οὐδὲν ὅμοιον προσάγει πρῆγμα.   ……………………………………
13 Οὕτω ὦν, ὦ Κροῖσε,   ……………………………………
14 ΠΑΝ ΕΣΤΙ ΑΝΘΡΩΠΟΣ ΣΥΜΦΟΡΗ.   ……………………………………
15 Ἐμοὶ δὲ σὺ καὶ πλουτέειν μέγα φαίνεαι   ……………………………………
16 καὶ βασιλεὺς πολλῶν εἶναι ἀνθρώπων·   ……………………………………
17 ἐκεῖνο δέ, τὸ εἴρεό με,   ……………………………………
18 οὔ κώ σε ἐγὼ λέγω,   ……………………………………
19 πρὶν τελευτήσαντα καλῶς   ……………………………………
20 τὸν αἰῶνα πύθωμαι."   ……………………………………

Aus: Herodot, Historien 1,32

LESETIPP

Der ionische Dialekt kennt kaum Kontraktionen, viele Formen wirken zerdehnt: Wie heißen die unterstrichenen Formen bei Platon? – Alpha und Eta sind im Ionischen oft vertauscht.

3 ἐόν = ὄν; 4 ……………………………… 4/12 πρῆγμα = ……………………………………… ?

4   Herodot macht die Prä-position zur Post-position. Drehen Sie beim Übersetzen um!
7/8 ἐς: = εἰς; οὖρος = ὅρος: Grenze, Maß; ζόης = ζωῆς
12 τὸ παράπαν: ganz und gar, aufs Ganze gesehen (Accusativus Graecus)
13 ὦν = οὖν
17 τό = ὅ (Relativpronomen, so auch in Zeile 6; Genus …?); εἴρομαι = ἔρομαι = fragen
18 κω = πω: noch; οὐ + πω = noch nicht
20 πύθωμαι: Bestimmen Sie den Modus, erklären Sie den Gebrauch in diesem Satz.

Satzgefüge: Bedingungen

Wenn … dann: Die griechische Sprache kennt eine Vielzahl von Möglichkeiten, solche Bedingungen nach ihrem Wirklichkeitsgrad zu differenzieren. Die wichtigsten Typen von Bedingungsgefügen (= konditionalen Perioden) sind:

Gliedsatz	Hauptsatz		
Εἰ τοῦτο λέγει, Ind.	θορυβεῖτε. Ind.	**Indefinitus** (auch: **Realis**)	Wenn er das sagt, lärmt ihr.
Εἰ τοῦτο ἔλεγεν, Impf.	ἐθορυβεῖτε ἄν. Impf. + ἄν	**Irrealis** (gegenwärtig)	Wenn er das sagte, würdet ihr lärmen.
Εἰ τοῦτο εἶπεν, Ind. Aor.	ἐθορυβήσατε ἄν. Ind. Aor. + ἄν	**Irrealis** (vergangen)	Wenn er das gesagt hätte, hättet ihr aufgeschrien.
Ἐὰν τοῦτο λέγῃ, Konj. + ἄν	θορυβεῖτε. Ind. Präs.	**Eventualis,** generell	Wann immer er das sagt, lärmt ihr.
Ἐὰν τοῦτο λέγῃ, Konj. + ἄν	θορυβήσετε, Futur	**Eventualis,** speziell	Wenn/Falls/Sobald er das sagt, werdet ihr lärmen.
Εἰ τοῦτο λέγοι, Opt.	θορυβοῖτε ἄν. Opt. + ἄν	**Potentialis**	Wenn er das sagt / sagen sollte, dürftet ihr (wohl) unruhig werden.

Der **Modusgebrauch** und der Gebrauch der Moduspartikel ἄν folgen den bekannten Regeln. Pro Satzgefüge genügt eine einzige Auszeichnung durch ἄν: irreal und potential im Hauptsatz, eventual im Gliedsatz.

Im Indikativ hängt die Bedeutung des Satzgefüges wesentlich vom **Tempusgebrauch** ab – Augment oder nicht, das macht den Unterschied zwischen Indefinitus und Irrealis. Der Unterschied zwischen Imperfekt und Aorist bzw. zwischen Präsens- und Aoriststamm beim Irrealis liegt dagegen nur im **Aspekt** (daher steht oben die Zuordnung zu den Zeitstufen als bloße Faustregel in Klammern). Letzteres gilt auch für den Konjunktiv und Optativ beim Eventualis bzw. Potentialis.

Verneinung

Zur Verneinung stehen zwei Partikeln zur Verfügung: οὐ und μή. Während mit οὐ Aussagesätze sachlich verneint werden, deutet μή auf eine Abwehr oder bloße Vorstellung: Imperative, Optative, der Konjunktiv in Finalsätzen werden mit μή verneint, aber auch sämtliche Bedingungssätze, gleich, ob sie mit εἰ oder ἐάν beginnen. Bei Infinitiven und Partizipien sind beide Verneinungen möglich; sie werden sinngemäß gewählt.

Betrachten Sie Sätze aus früheren Schritten – bestimmen Sie den Wirklichkeitsgehalt der Bedingungsgefüge (Mischformen sind möglich!).

Schritt 9

Εἴ γε ταῦτα οὕτως ἔχει,
τοὺς μὲν τυράννους εἰς τὸν δῆμον θήσομεν,
τοὺς δὲ ὀλίγα κεκτημένους,
ἐὰν οἰκονομικοὶ ὦσιν, εἰς τοὺς πλουσίους.

Schritt 10

Τί δὲ ἔχεις, ὃ οὐκ ἔλαβες;
εἰ δὲ καὶ ἔλαβες – τί καυχᾶσαι ὡς μὴ λαβών;

Schritt 10

Τὸ κλῆμα οὐ δύναται καρπὸν φέρειν ἐφ' ἑαυτοῦ,
ἐὰν μὴ μείνῃ ἐν τῇ ἀμπέλῳ,
οὕτως οὐδὲ ὑμεῖς, ἐὰν μὴ ἐν ἐμοὶ μένητε.

Jesus kommt nach Bethanien, als Lazarus schon verstorben ist.

1 Πολλοὶ δὲ ἐκ τῶν Ἰουδαίων ἐληλύθεισαν ....
2 πρὸς τὴν Μάρθαν καὶ Μαριάμ, ...
3 ἵνα παραμυθήσωνται αὐτὰς περὶ τοῦ ἀδελφοῦ. ....
4 Ἡ οὖν Μάρθα ὡς ἤκουσεν, ὅτι Ἰησοῦς ἔρχεται, ...
5 ὑπήντησεν αὐτῷ· Μαριὰμ δὲ ἐν τῷ οἴκῳ ....
6 ἐκαθέζετο. ....
7 Εἶπεν οὖν ἡ Μάρθα πρὸς τὸν Ἰησοῦν· ....
8 „Κύριε, εἰ ἦς ὧδε, οὐκ ἂν ἀπέθανεν ὁ ἀδελφός μου· ....
9 ἀλλὰ καὶ νῦν οἶδα, ὅτι, ὅσα ἂν αἰτήσῃ ....
10 τὸν θεόν, δώσει σοι ὁ θεός." ....
11 Λέγει αὐτῇ ὁ Ἰησοῦς· ....
12 „Ἀναστήσεται ὁ ἀδελφός σου." ....

Joh 11,19–23

1 ἐληλύθεισαν = ἐληλύθεσαν kommt von ἔρχομαι – StF?
3 Modus?
8 Bedingungsgefüge: εἰ + ... (ἦς = ἦσθα); Hauptsatz: .... = ...
9 ὅσα ἂν αἰτήσῃ: Modus?
12 ἀνίσταμαι: sich erheben, aufstehen

EXAMEN

SCHRITT 12: ICH WEISS, DASS ICH NICHTS WEISS

Lesen Sie die Kapitel IV bis VI der Apologie. Machen Sie sich dabei Notizen zu den folgenden Fragen und Aufgaben.

IV.

Bestimmen Sie den Bedingungssatz: εἴ τις οἷός τε … ....

Erklären Sie ᾧ ἂν βούλωνται – grammatisch-syntaktisch. ....

Wie übersetzen Sie ἔτυχον προσελθών (S. 88)? ....

τετέλεκε – warum hier dieses Tempus? ....

Vergleichen Sie die Satzlängen: Wo geraten die Sätze auffällig lang?
Wie drückt Sokrates seinen Vorbehalt gegenüber den Sophisten aus?
Wo spüren Sie Ironie?

V.

Bestimmen Sie das erste Bedingungsgefüge. ....

ἔσχηκα – warum hier dieses Tempus? ....

ἐφ᾽ ὅτι ὁρμήσειεν – Modus? Sinn? ....

Erklären Sie, warum der Appell an die Zuhörer, leise zu sein, einmal im Präsens, einmal im Aorist steht.
Was erfahren Sie über Chairephon? Warum erwähnt Sokrates solche Details?
Was weiß man über die Pythia? Recherchieren Sie.

VI.

οὔτε μέγα οὔτε σμικρόν – Was ist gemeint?

....

οὐ γὰρ θέμις αὐτῷ – Kurz und knapp – machen Sie es möglichst nach.

....

σὺ δὲ ἐμὲ ἔφησθα – „Typisch griechisch": Unvermittelt wird direkte Rede verwendet.
Was wird dadurch erreicht?

....

ἀπηχθόμην – Wodurch genau wurde Sokrates denen, die er befragte, verhasst?

....

....

Schritt 13: Die Irrfahrten des Sokrates

Sie lesen

- die Abschnitte VII bis X der Apologie
- von der Nichtigkeit aller menschlichen Weisheit
- von Sokrates' Mühen und Plagen

Sie wiederholen

- Verben und Stammformen
- leicht verwechselbare Pronomen

Sie lernen neu

- Redewendungen
- weitere Stammformen
- Satzfragen, Doppelfragen, indirekte Fragen
- Literaturgeschichtliches

Die Suche nach einem, der weiser wäre als er selbst, führte Sokrates nicht nur von Berufsgruppe zu Berufsgruppe – sie brachte ihm auch den schlechten Ruf ein, ein Besserwisser zu sein. Auf der anderen Seite fanden sich Nachahmer, die es geistreich fanden, andere bloßzustellen – und die diese Kunst dann übten, im Namen des Sokrates.

BASIS SCHRITT 13: DIE IRRFAHRTEN DES SOKRATES

Sokrates – ein Irrender wie einst Odysseus

1 Μετὰ ταῦτ' οὖν ἤδη ἐφεξῆς ᾖα, ...

2 αἰσθανόμενος ... λυπούμενος καὶ δεδιώς, ...

3 ὅτι ἀπηχθανόμην ... .

4 Δεῖ δὴ ὑμῖν τὴν ἐμὴν πλάνην ἐπιδεῖξαι ....

5 ὥσπερ πόνους τινὰς πονοῦντος ... .

Platon, Apologie VII (21e-22a)

1 ἐφεξῆς: der Reihe nach

2 Vom ersten hängen zwei weitere Partizipien ab: λυπέομαι ...., δείδω ....

5 πονοῦντος: Genitivattribut zu πλάνην

LERNTIPP

Herodot (S. 127) gilt als der Vater der Geschichtsschreibung; ca. 3 Jahrhunderte zuvor erhielten – als die „Eltern" griechischer Literatur schlechthin – Ilias und Odyssee ihre bis heute unerreichte Gestalt. Prototyp des ebenso individuell wie global erzählten Kriegs ist die **Ilias**, die **Odyssee** hingegen macht den Weg mit seinen Herausforderungen – πλάνη, die Irrfahrt – zum Stoff und zur Herausforderung für den im Leiden reifenden Helden. Das Motiv der πλάνη greift Sokrates auf. Auch ihn treibt ein Gott, auch er muss suchen – ζητέω, irren – πλάζομαι, πλανάομαι (d.p.) und leiden – πάσχω. – Informieren Sie sich über die Anfänge der griechischen Literatur sowie über den Inhalt von Ilias und Odyssee. Kennen Sie spätere literarische Werke, die das Motiv des Menschen auf Irrfahrt aufgreifen?

Wortfeld Mühe und Pein

πάσχω	....	ἀλγέω	....
πάθος	....	ἄλγος	....
πάθημα	....	πονέω	....
λυπέομαι	....	πόνος	....
λύπη	....	ὀδύρομαι	....
λυπηρός	....	ὀδύνη	....

Schlagen Sie nach – Verben mit StF, Nomen mit Gen. Wiederholen Sie die Deklinationen. Ergänzen Sie das Wortfeld, wann immer Sie eine passende Vokabel finden.

SCHRITT 13: DIE IRRFAHRTEN DES SOKRATES — LOGOS

Die Schilderung von Irrfahrten beginnt

... **im Epos** mit der Anrufung der Muse; mit menschlicher Kunst allein ist ein so großes Werk nicht zu bewältigen. – Das Epos ist in Versen komponiert, die einen festen Rhythmus aufweisen: der epische **Hexameter** besteht aus sechs „Takten": entweder ‚halbe + Viertel- + Viertelnote' oder ‚halbe + halbe'. Der letzte Takt ist unvollständig: ‚halbe + wahlweise halbe oder viertel'. Der Sprechrhythmus entsteht idealerweise nicht durch Betonen, sondern allein durch exaktes Sprechen der Längen und Kürzen.

Ἄνδρα μοι ἔννεπε, Μοῦσα, πολύτροπον, ὃς μάλα πολλὰ
− · ·|− · ·| − · ·|− · ·| − · ·| − ×

πλάγχθη, ἐπεὶ Τροίης ἱερὸν πτολίεθρον ἔπερσε·
− · ·|− −|− ··|− · ·|− · ·| − ×

πολλῶν δ' ἀνθρώπων ἴδεν ἄστεα καὶ νόον ἔγνω,
− − | − −|− · ·| − · ·|− · ·| − ×

πολλὰ δ' ὅ γ' ἐν πόντῳ πάθεν ἄλγεα ὃν κατὰ θυμόν,
− · · | − −|− · ·|− · ·| − · ·|− ×

ἀρνύμενος ἥν τε ψυχὴν καὶ νόστον ἑταίρων·
− · ·| − −|− −|− −|− · ·|− ×

Odyssee 1, 1–5

Lesen Sie laut. Sie müssen Längen und Kürzen der Silben nicht aktiv bestimmen können; die Striche und Punkte geben Anhalt. Woran liegt es, dass Vers 3 und 5 „schwerer" klingen als die übrigen? Beim Übersetzen werden Sie feststellen, dass der Rhythmus den Inhalt unterstützt.

LESETIPP

Epische Texte zu lesen und zu übersetzen ist nicht Ziel dieses Kurses. Es schult aber das Sprachgefühl und weitet den Blick für den Reichtum der geistigen, sprachlichen Tradition, die zur Zeit des Neuen Testaments schon fast 1000 Jahre alt war.

- Im Epos wie bei Herodot gibt es viele nicht-kontrahierte Formen.
- Im Epos fehlen Augmente. „Korrigieren" Sie: πλάγχθη; πάθεν.
- νόος (kontrahiert νοῦς), θυμός, ψυχή – im Epos wird genau lokalisiert, wo sich Erfahrungen, Regungen, Eindrücke niederschlagen.
- ὅν, ἥν – sehen aus wie Relativpronomen, sind aber epische Possessivpronomen.
- πολλὰ ... ἄλγεα (kontrahiert: ἄλγη): gehören – trotz der weiten Sperrung – laut KNG-Kongruenz zusammen; solche Sperrungen sind nicht nur dem Metrum geschuldet; sie erzeugen Spannung und verstärken die Aussage.

THEORIE — SCHRITT 13: DIE IRRFAHRTEN DES SOKRATES

Pronomen: αὐτά – ταῦτα – ταὐτά

Aufgrund ihrer gemeinsamen Wurzel gibt es im Bereich Artikel – Pronomen – Adjektive ähnliche Formen, die zu verwechseln sinnentstellend sein kann.

- Von den Lügen der Gegner – ψευδῆ (n. Pl.) – könnte Sokrates sagen:
  Δίκαιός εἰμι αὐτὰ ἐλέγξαι. – Es ist mein gutes Recht, sie (Personalpronomen) zu widerlegen.
- Er könnte den Kläger unterbrechen und sagen: Ταῦτα (τὰ λεγόμενα) οὐδαμῶς ἀληθῆ ἐστιν. – Dies (diese Worte; Demonstrativpron.) ist gar nicht wahr.
- Er könnte hinzufügen: Ἀεὶ τὰ αὐτὰ (ταὐτά) λέγεις – Du sagst immer dasselbe (Adjektiv αὐτός mit Artikel: derselbe, der Gleiche).

Spiritus und Akzent ermöglichen die Unterscheidung von ταῦτα und ταὐτά.

Sammeln Sie **Redewendungen**:

| ὡς ἔπος εἰπεῖν | – sozusagen | νὴ τὴν Ἥραν | – bei Hera |
| νὴ τὸν κύνα | – beim Hund | νὴ Δία | – bei Zeus |

Kleine griechische Literaturgeschichte

nach 800 v. Chr.	Epos	*episch-ionisch*	Homer
um 700 v. Chr.	Lehrepos	*episch-ionisch*	Hesiod
um 600 v. Chr.	Lyrik	*äolisch; dorisch*	Sappho; Pindar (Solon: nicht dorisch!)
nach 500 v. Chr.	Drama	*attisch*	Aischylos, Sophokles, Euripides, Aristophanes
ab 480 v. Chr.	Geschichte	*ionisch; attisch*	Herodot; Thukydides, Xenophon
um 400 v. Chr.	Rhetorik	*attisch*	Lysias, Demosthenes

Wo ordnen Sie die folgenden Gattungs- und Berufsbezeichnungen zu? Eine hat nichts mit Literatur zu tun – welche?

ποιητής	....	πολιτικός	....
τραγῳδία	....	χειροτέχνης	....
διθύραμβος	....	τραγῳδοποιός	....
ποίημα	....	ἐλεγεία	....
ῥήτωρ	....	ἐπῶν ποίησις	....

SCHRITT 13: DIE IRRFAHRTEN DES SOKRATES — PRAXIS

Lösen Sie jeweils die **Krasis** auf.

καλὸν κἀγαθόν .... ὠγαθέ ....

τοὔνομα .... ἐγᾦμαι ....

Übersetzen Sie mündlich:

αἱ αὐταί, αὗται αἱ γυναῖκες, τοῦτο, τὸ αὐτό,
πάντα, πᾶσα ἡ γῆ, πᾶς ἄνθρωπος, τὸ πᾶν.

Sokrates im Gespräch mit Aristodemos, der ohne Religion auszukommen glaubt.

1 „Εἰπέ μοι", ἔφη, „ὦ 'Αριστόδημε, ...
2 ἔστιν οὕστινας ἀνθρώπους ....
3 τεθαύμακας ἐπὶ σοφίᾳ;" ....
4 „Ἔγωγ'", ἔφη. ....
5 Καὶ ὅς· „Λέξον ἡμῖν", ἔφη, ...
6 „τὰ ὀνόματα αὐτῶν." ....
7 „Ἐπὶ μὲν τοίνυν ἐπῶν ποιήσει ....
8 Ὅμηρον ἔγωγε μάλιστα τεθαύμακα, ...
9 ἐπὶ δὲ διθυράμβῳ Μελανιππίδην, ...
10 ἐπὶ δὲ τραγῳδίᾳ Σοφοκλέα, ...
11 ἐπὶ δὲ ἀνδριαντοποιίᾳ Πολύκλειτον, ...
12 ἐπὶ δὲ ζωγραφίᾳ Ζεῦξιν." ....
13 „Πότερά σοι δοκοῦσιν ....
14 οἱ ἀπεργαζόμενοι εἴδωλα ἄφρονά τε ....
15 καὶ ἀκίνητα ἀξιοθαυμαστότεροι εἶναι ....
16 ἢ οἱ ζῷα ἔμφρονά τε καὶ ἐνεργά;" ....
17 „Πολὺ νὴ Δία οἱ ζῷα, εἴπερ γε μὴ ....
18 τύχῃ τινί, ἀλλ' ὑπὸ γνώμης ταῦτα ....
19 γίγνεται." ....

Xenophon, Memorabilia 1,4,2–4

2 ἔστιν: Beachten Sie den Akzent; ὅστις, ἥτις ὅτι: verallgemeinerndes Relativpronomen, „vorn" und „hinten" dekliniert (S. 42).
3 θαυμάζω τινὰ <u>ἐπί</u> τινι – jdn. <u>wegen</u>/für etw. bewundern – StF?
5 Καὶ ὅς = Ὁ δέ
13 πότερα: unübersetzt; leitet eine alternative Satzfrage ein

THEORIE · SCHRITT 13: DIE IRRFAHRTEN DES SOKRATES

Wörterbuch: περὶ πολλοῦ ποιεῖσθαι

Manche Lexikonartikel sind lang; es ist wichtig, systematisch zu suchen.

Im Kasten stehen Grundbedeutungen – Hier I. im Aktiv, II. im Medium.
Die weitere Differenzierung erfolgt nach formalen wie inhaltlichen Kriterien:
Wie ist die Form, die Sie suchen, in Ihrem Text konstruiert?
Welchen Kontext setzen Sie voraus bzw. nehmen Sie an?

Entscheiden Sie sich, beispielsweise für II.2:
Sie haben im Text eine Form im Medium – mit der Präposition περί.

Unter II.2 finden Sie zunächst die Bedeutung „schätzen", dazu Variationen mit verschiedenen Präpositionen (alphabetisch) – bei περί lesen Sie „hoch schätzen"; betrachten Sie aber auch noch den Rest:
Was heißt dann
περὶ πλείονος
περὶ πλείστου
περὶ παντός ?

Am Ende des Artikels stehen die StF, und zwar alle Varianten, die sich nicht regelhaft erschließen lassen.

Wilhelm Gemoll / Karl Vretzka,
Griechisch-deutsches
Schul- und Handwörterbuch,
München/Wien 1965

SCHRITT 13: DIE IRRFAHRTEN DES SOKRATES — PRAXIS

Sokrates über seine πλάνη und deren Notwendigkeit:

Μετὰ δὲ ταῦτα οὖν ἤδη ἐφεξῆς ᾖα,	....
αἰσθανόμενος ... λυπούμενος καὶ δεδιώς,	....
ὅτι ἀπηχθανόμην,	....
ὅμως δὲ ἀναγκαῖον ἐδόκει εἶναι	....
τὸ τοῦ θεοῦ περὶ πλείστου ποιεῖσθαι.	....

Apologie VII (21e)

Sokrates zu Aristodemos' These, Schöpfung könne Zufall sein (S. 135):

1	„Τῶν δὲ ἀτεκμάρτως ἐχόντων,	....
2	ὅτου ἕνεκα ἔστι,	....
3	καὶ τῶν φανερῶς ἐπ' ὠφελείᾳ ὄντων	....
4	πότερα τύχης καὶ πότερα γνώμης ἔργα	....
5	κρίνεις;"	....
6	„Πρέπει μὲν τὰ ἐπ' ὠφελείᾳ γιγνόμενα	....
7	γνώμης εἶναι ἔργα."	....
8	„Οὐκοῦν δοκεῖ σοι ὁ ἐξ ἀρχῆς ποιῶν	....
9	ἀνθρώπους ... προσθεῖναι αὐτοῖς	....
10	δι' ὧν αἰσθάνονται ἕκαστα,	....
11	ὀφθαλμοὺς μέν, ὥσθ' ὁρᾶν τὰ ὁρατά,	....
12	ὦτα δέ, ὥστ' ἀκούειν τὰ ἀκουστά;"	....

Xenophon, Memorabilia 1,4,4f.

2	ὅτου ἕνεκα: weswegen	
4	πότερα: welche (von zweien)	
8	οὐκοῦν: Einleitung einer Satzfrage, auf die Zustimmung erwartet wird – „denn nicht ...?"	
11/12	τὰ ὁρατά: das Sichtbare; τὰ ἀκουστά: das Hörbare – zugrunde liegen die Verben ὁρᾶν und ἀκούειν.	

Zusatzaufgabe
Worauf will Sokrates hinaus? Wie kommt Aristodemos am Ende zu der Erkenntnis:

„Οὕτω σκοπουμένῳ πάνυ ἔοικε ταῦτα σοφοῦ τινος δημιουργοῦ καὶ φιλοζῴου τεχνήμασι."	So betrachtet gleicht dies den Erzeugnissen eines weisen und den Lebewesen wohl gesonnenen Schöpfers.

THEORIE SCHRITT 13: DIE IRRFAHRTEN DES SOKRATES

Fragen: direkt + indirekt

τίς, πῶς, ποῦ, πόθεν ... – So werden Wortfragen eingeleitet – sowohl direkte als auch indirekte (S. 102). Für direkte Satzfragen gibt es verschiedene Einleitungen, je nachdem, welche Antwort erwartet wird.

- ἆρα und ἦ sind neutral – die Frage ist offen gestellt.
- ἆρ᾽ οὐ, οὐ oder οὐκοῦν – die Frage legt eine Bestätigung nahe: „denn nicht ...? – erwartete Antwort: „doch, doch".
- ἆρα μή oder μή – die Frage verrät Abwehr: „doch wohl hoffentlich nicht ...? ... etwa ...? – erwartete Antwort: „nein, natürlich nicht."

Für Entscheidungsfragen genügt ein bloßes ἤ (oder); vollständiger heißt es: πότερον (πότερα) ... ἤ.

Fragen: indirekt

Indirekte Fragen müssen sich formal nicht von direkten Fragen unterscheiden – lediglich durch den Begleitsatz „Er fragte" (auch: „Er sagte/antwortete/erzählte/legte dar ...!) und durch die Interpunktion (kein Fragezeichen) werden sie indirekt.
Bei Satzfragen und Entscheidungsfragen kommen als Konjunktionen εἰ bzw. εἰ ... ἤ oder εἴτε ... εἴτε in Betracht.
Bei Wortfragen kann statt des allgemeinen Frageworts ein speziell indirekten Fragen vorbehaltenes verwendet werden:
ὅπου anstatt ποῦ; ὁπόθεν anstatt πόθεν; ὅπως anstatt πῶς, ὅστις anstatt τίς usw.

Indirekte Fragen sind innerlich vom Subjekt des Begleitsatzes abhängig; daher stehen sie in Vergangenheitszusammenhängen häufig im **obliquen Optativ** (S. 118).

Typisch griechisch: Formenreich, aber nicht formalistisch

Ἦλθον ἐπί τινα τῶν δοκούντων σοφῶν εἶναι, ὡς ἐνταῦθα, εἴπερ που, ἐλέγξων τὸ μαντεῖον
καὶ ἀποφανῶν τῷ χρησμῷ, ὅτι οὑτοσὶ ἐμοῦ σοφώτερός ἐστι, σὺ δ᾽ ἐμὲ ἔφησθα.
Διασκοπῶν οὖν τοῦτον ...

An einer Stelle des ersten langen Satzgefüges, in dem Sokrates den Richtern von seiner πλάνη erzählt, zerbricht die ruhige Erzählhaltung; übergangslos ist direkte Rede eingebaut. Anschließend wird der Faden ebenso abrupt wieder aufgenommen. Ein solcher Wechsel von „schriftlich" zu „mündlich" wäre im Deutschen ein Stilbruch. Im Griechischen beugt sich die Sprache dem Inhalt, ohne dass dies als Verletzung empfunden wird.

SCHRITT 13: DIE IRRFAHRTEN DES SOKRATES — PRAXIS

Paulus über die Parteiungen in Korinth (vgl. S. 103.104.106) – Was für Antworten erwartet er auf seine erregten Fragen?

Λέγω δὲ τοῦτο, ὅτι ἕκαστος ὑμῶν λέγει· ....
„Ἐγὼ μέν εἰμι Παύλου, ἐγὼ δὲ Ἀπολλῶ, ...
ἐγὼ δὲ Κηφᾶ, ἐγὼ δὲ Χριστοῦ." ....
Μεμέρισται ὁ Χριστός; ....
Μὴ Παῦλος ἐσταυρώθη ὑπὲρ ὑμῶν, ...
ἢ εἰς τὸ ὄνομα Παύλου ἐβαπτίσθητε; ....

1 Kor 1,12 f. (Die Namen Apollos und Kephas stehen im Genitiv.)

Auch Paulus sieht sich auf einer entsagungsvollen ζήτησις und πλάνη – In welcher Stimmung schreibt er? Belegen Sie Ihre Einschätzung anhand von Stilbeobachtungen.

Δοκῶ γάρ, ὅτι ὁ θεὸς ἡμᾶς τοὺς ἀποστόλους ....
ἐσχάτους ἀπέδειξεν ὡς ἐπιθανατίους, ...
ὅτι θέατρον ἐγενήθημεν τῷ κόσμῳ ....
καὶ ἀγγέλοις καὶ ἀνθρώποις. ....
Ἡμεῖς μωροὶ διὰ Χριστόν, ὑμεῖς δὲ ....
φρόνιμοι ἐν Χριστῷ· ἡμεῖς ἀσθενεῖς, ...
ὑμεῖς δὲ ἰσχυροί· ὑμεῖς ἔνδοξοι, ἡμεῖς ....
δὲ ἄτιμοι. Ἄχρι τῆς ἄρτι ὥρας καὶ ....
πεινῶμεν καὶ διψῶμεν καὶ γυμνιτεύομεν ....
καὶ κολαφιζόμεθα καὶ ἀστατοῦμεν καὶ ....
κοπιῶμεν ἐργαζόμενοι ταῖς ἰδίαις χερσίν· ....
λοιδορούμενοι εὐλογοῦμεν· διωκόμενοι ....
ἀνεχόμεθα, δυσφημούμενοι παρακαλοῦμεν· ....
ὡς περικαθάρματα τοῦ κόσμου ἐγενήθημεν, ...
πάντων περίψημα, ἕως ἄρτι. ....

1 Kor 4,9 ff.

Zusatzaufgabe

μωροὶ διὰ Χριστόν: Paulus erklärt (1 Kor 1,18–2,16) den Unterschied zwischen menschlicher und göttlicher Weisheit. Angesichts göttlicher Weisheit fragt er:
ποῦ σοφός; ποῦ γραμματεύς; ποῦ συζητητὴς τοῦ αἰῶνος τούτου;
οὐχὶ ἐμώρανεν ὁ θεὸς τὴν σοφίαν τοῦ κόσμου;
Wie verstehen Sie das?

EXAMEN — SCHRITT 13: DIE IRRFAHRTEN DES SOKRATES

Lesen Sie die Kapitel VII bis X der Apologie – die Suche des Sokrates nach einem Weiseren und deren Ausgang. Wo finden Sie Motive, die denen des folgenden Textes aus dem Buch **Prediger** ähneln? Was ist anders? Achten Sie besonders auf die Stimmung. (Zur Übersetzung: Kasus- und Tempusgebrauch sind hier ungewohnt!)

1 Ἐγὼ Ἐκκλησιαστὴς ἐγενόμην ....
2 βασιλεὺς ἐπὶ Ἰσραὴλ ἐν Ἰερουσαλήμ· ....
3 καὶ ἔδωκα τὴν καρδίαν μου τοῦ ἐκζητῆσαι ....
4 καὶ τοῦ κατασκέψασθαι ἐν τῇ σοφίᾳ ....
5 περὶ πάντων τῶν γινομένων ὑπὸ τὸν οὐρανόν· ....
6 ὅτι περισπασμὸν πονηρὸν ἔδωκεν ὁ θεὸς ....
7 τοῖς υἱοῖς τοῦ ἀνθρώπου ....
8 τοῦ περισπᾶσθαι ἐν αὐτῷ. ....
9 Εἶδον σὺν πάντα τὰ ποιήματα ....
10 τὰ πεποιημένα ὑπὸ τὸν ἥλιον, ...
11 καὶ ἰδοὺ τὰ πάντα ματαιότης καὶ ....
12 προαίρεσις πνεύματος. Διεστραμμένον ....
13 οὐ δυνήσεται τοῦ ἐπικοσμηθῆναι, ...
14 καὶ ὑστέρημα οὐ δυνήσεται τοῦ ....
15 ἀριθμηθῆναι. Ἐλάλησα ἐγὼ ἐν καρδίᾳ ....
16 μου τῷ λέγειν· ‚Ἐγὼ ἰδοὺ ἐμεγαλύνθην καὶ ....
17 προσέθηκα σοφίαν ἐπὶ πᾶσιν, οἳ ἐγένοντο ....
18 ἔμπροσθέν μου ἐν Ἰερουσαλήμ, καὶ καρδία ....
19 μου εἶδεν πολλά, σοφίαν καὶ γνῶσιν.' ....
20 Καὶ ἔδωκα καρδίαν μου τοῦ γνῶναι σοφίαν ....
21 καὶ γνῶσιν, παραβολὰς καὶ ἐπιστήμην ....
22 ἔγνων, ὅτι καί γε τοῦτ' ἔστιν προαίρεσις ....
23 πνεύματος· ὅτι ἐν πλήθει σοφίας πλῆθος ....
24 γνώσεως, καὶ ὁ προστιθεὶς γνῶσιν ....
25 προσθήσει ἄλγημα. ....

Prediger 1,12–18

3; 20 καὶ ἔδωκα καρδίαν μου τοῦ γνῶναι …: gab mein Herz um des … willen = richtete mein Herz auf das …;

9 σύν: hier als ein Akkusativ-Kennzeichen (analog dem hebräischen „ät").

13 τοῦ ἐπικοσμηθῆναι ~ ἐπικοσμηθῆναι: wird nicht imstande sein, zu …

Schritt 14: Antworte, Ankläger!

Sie lesen

- die Abschnitte XI bis XVIII der Apologie
- von der Fragwürdigkeit der Anklagen gegen Sokrates

Sie wiederholen

- Verben und Stammformen
- Tempora und Modi

Sie lernen neu

- den Vokativ
- Besonderheiten von Imperativen
- die finale Grundfunktion des Infinitivs

Angriff ist die beste Verteidigung? – Im Fall des Sokrates ist das zu bezweifeln, denn indem er sich entrüstet und mit wohl dosierter Ironie daran macht, seine Ankläger zu verhören, gibt er ein Beispiel für eben die Fragetechnik, die ihm überall Ablehnung und Hass eingetragen hat. Wer sieht schon gern in einen allzu klaren Spiegel?

SCHRITT 14: ANTWORTE, ANKLÄGER!

Sokrates – gegen Meletos

Πρὸς δὲ Μέλητον τὸν ἀγαθόν τε
καὶ φιλόπολιν, ὥς φησιν, καὶ τοὺς ὑστέρους
μετὰ ταῦτα πειράσομαι ἀπολογήσασθαι. …
Φησὶ γὰρ δὴ τοὺς νέους ἀδικεῖν με
διαφθείροντα.
Ἐγὼ δέ γε, ὦ ἄνδρες Ἀθηναῖοι,
ἀδικεῖν φημι Μέλητον.

Platon, Apologie XI (24bc)

Betrachten Sie Stellung und Gewicht der zweifachen Nennung des Anklagekerns ἀδικεῖν sowie der dreifachen Verwendung von φημί (sagen, behaupten). Wie wird Meletos eingeführt, wie gibt sich Sokrates?

Sokrates – gegen Anytos

1 Εἴ με νῦν ὑμεῖς ἀφίετε
2 Ἀνύτῳ ἀπιστήσαντες, ὃς ἔφη
3 ἢ τὴν ἀρχὴν οὐ δεῖν ἐμὲ δεῦρο εἰσελθεῖν
4 ἤ, ἐπειδὴ εἰσῆλθον, οὐχ οἷόν τ' εἶναι
5 τὸ μὴ ἀποκτεῖναί με,
6 λέγων πρὸς ὑμᾶς, ὡς, εἰ διαφευξοίμην,
7 ἤδη ὑμῶν οἱ ὑεῖς ἐπιτηδεύοντες,
8 ἃ Σωκράτης διδάσκει,
9 πάντες παντάπασι διαφθαρήσονται …

Platon, Apologie XVII (29c) – Fortsetzung auf S. 143

1 Sokrates spielt hypothetisch (εἰ) mit der Möglichkeit eines Freispruchs und referiert dabei die Argumentation seines Anklägers Anytos.
3 οὐ δεῖν: wie Englisch „must not" = darf nicht; im Deutschen irreal: „hätte nicht dürfen".
5 τὸ μὴ ἀποκτεῖναι: Artikel = Substantivierung des Infinitivs; im Deutschen nicht nötig.
6 ὡς, εἰ διαφευξοίμην, …: Optativ im Bedingungssatz – im Hauptsatz … ? Handelt es sich um einen obliquen oder potentialen Optativ?

Wiederum geht es um das „Verderben" der Jugend: Beurteilen Sie die Argumentation des Anytos. Finden Sie in Satzbau und Stellung Hinweise darauf, wie Sokrates sich dazu stellt?

SCHRITT 14: ANTWORTE, ANKLÄGER! LOGOS

Sokrates – gegen alle

1 Εἴ μοι πρὸς ταῦτα εἴποιτε· ‚Ὦ Σώκρατες,
2 νῦν μὲν Ἀνύτῳ οὐ πεισόμεθα, ἀλλ' ἀφίεμέν
3 σε, ἐπὶ τούτῳ μέντοι, ἐφ' ᾧτε μηκέτι ἐν
4 ταύτῃ τῇ ζητήσει διατρίβειν μηδὲ φιλοσοφεῖν·
5 ἐὰν δὲ ἁλῷς ἔτι τοῦτο πράττων, ἀποθανῇ.'
6 Εἰ οὖν με, ὅπερ εἶπον, ἐπὶ τούτοις ἀφίοιτε,
7 εἴποιμ' ἂν ὑμῖν, ὅτι ἐγὼ ὑμᾶς, ὦ ἄνδρες
8 Ἀθηναῖοι, ἀσπάζομαι μὲν καὶ φιλῶ,
9 πείσομαι δὲ μᾶλλον τῷ θεῷ ἢ ὑμῖν ...

Apologie XVII (29cd)

1 Bedingungssatz ohne Hauptsatz; in Zeile 6 setzt Sokrates neu an.
2 ἀφίημι – Simplex? StF?
3 ἐπί + Dat.: unter der Bedingung, dass ...
5 ἁλῷς kommt von ἁλίσκομαι – StF?; ἀποθανῇ: StF?
9 πείσομαι: StF?

Petrus und die Apostel – für alle

Ἀγαγόντες δὲ αὐτοὺς ἔστησαν ἐν τῷ συνεδρίῳ.
Καὶ ἐπηρώτησεν αὐτοὺς ὁ ἀρχιερεὺς λέγων·
„Οὐ παραγγελίᾳ παρηγγείλαμεν ὑμῖν
μὴ διδάσκειν ἐπὶ τῷ ὀνόματι τούτῳ;
καὶ ἰδοὺ πεπληρώκατε τὴν Ἰερουσαλὴμ
τῆς διδαχῆς ὑμῶν, καὶ βούλεσθε ἐπαγαγεῖν
ἐφ' ἡμᾶς τὸ αἷμα τοῦ ἀνθρώπου τούτου."
Ἀποκριθεὶς δὲ Πέτρος καὶ οἱ ἀπόστολοι εἶπαν·
„Πειθαρχεῖν δεῖ θεῷ μᾶλλον ἢ ἀνθρώποις.
Ὁ θεὸς τῶν πατέρων ἡμῶν ἤγειρεν Ἰησοῦν,
ὃν ὑμεῖς διεχειρίσασθε κρεμάσαντες
ἐπὶ ξύλου· τοῦτον ὁ θεὸς ἀρχηγὸν καὶ σωτῆρα
ὕψωσεν τῇ δεξιᾷ αὐτοῦ δοῦναι μετάνοιαν
τῷ Ἰσραὴλ καὶ ἄφεσιν ἁμαρτιῶν. Καὶ ἡμεῖς
ἐσμεν μάρτυρες τῶν ῥημάτων τούτων
καὶ τὸ πνεῦμα τὸ ἅγιον ..."

Apg 5,27–32

Wiederholen Sie StF von: ἄγω, ἀγγέλλω, ἀποκρίνομαι, ἐγείρω

THEORIE SCHRITT 14: ANTWORTE, ANKLÄGER!

Vokativ

Es gibt in allen Deklinationen neben dem Subjekt- und den Objektkasus als „fünften Fall" den Vokativ, die Anredeform (S. 18). Ein emphatisches ὦ kann davor gestellt werden.
In der a-Deklination, im Neutrum und in allen Pluralen sieht der Vokativ wie der Nominativ aus. Die Maskulina der a-Deklination verlieren allerdings das dem Nominativ angehängte Schlusssigma.

ὦ Μαρία   ὦ Μοῦσαι   ὦ νεανία   ὦ Ἑρμῆ

Im Singular der o-Deklination endet der Vokativ regelmäßig auf ε.

ὦ κύριε   ὦ φίλε μου   ὦ ἀγαθέ   ὦ Παῦλε

Im Singular der konsonantischen Deklination wird die letzte Silbe meistens gekürzt. Dabei wird der Akzent nach vorn gezogen.

Nominativ	Stamm	Vokativ	deutsch
ῥήτωρ	*ρητορ	ὦ ῥῆτορ	(o) Redner!
σώφρων	*σωφρον	ὦ σῶφρον	(o) du Weiser!
μήτηρ	*μητερ	ὦ μῆτερ	Mutter!
Ἕλλην	*Ελλην	ὦ Ἕλλην	Grieche!

Im Einzelnen hängt es vom Stamm und den Besonderheiten seines Ausgangs ab, welcher Vokativ gebildet wird. Vor allem Eigennamen auf ης/υς ist nicht ohne weiteres anzusehen, wie sie dekliniert werden bzw. den Vokativ bilden.

Nominativ	Stamm	Vokativ	deutsch
Ἑρμῆς	*Ερμεα	ὦ Ἑρμῆ	(ach) Hermes!
Σωκράτης	*Σωκρατες	ὦ Σώκρατες	(o/mein) Sokrates!
Περικλῆς	*Περικλεες	ὦ Περίκλεις	(o/mein lieber) Perikles!
Ζεύς	* Δι(ε)ϝ	ὦ Ζεῦ	(o) Zeus!

> **LERNTIPP**
>
> Mit oder ohne ὦ, mit einer kurzen letzten Silbe oder unverändert – wenn im Text in direkter Rede argumentiert, gefragt, appelliert wird, sollten Sie mit Anredeformen – mit Vokativ – rechnen.

SCHRITT 14: ANTWORTE, ANKLÄGER! — PRAXIS

Wie lautet der Nominativ?

ὦ ἄνθρωπε .... ὦ ἄνδρες Ἀθηναῖοι ....

ὦ πρὸς Διὸς Μέλητε ....

ὦ Σώκρατες .... ὦ Κρίτων ....

ὦ βασιλεῦ .... ὦ θαυμάσιε ....

ὦ Φαίδων ....

ὦ Σιμμία τε καὶ Κέβης καὶ οἱ ἄλλοι ....

Lesen Sie rhythmisch den Anfang der **Ilias**; der Zorn Achills ist ihr Leitmotiv – und wie Achill will auch Sokrates lieber sterben als sich untreu werden …

1 Μῆνιν ἄειδε θεὰ Πηληϊάδεω Ἀχιλῆος
   – · · |– · · |– – |– · · |– · · |– ×

2 οὐλομένην, ἣ μυρί' Ἀχαιοῖς ἄλγε' ἔθηκε,
   – · · |– – |– · · |– – |– · · |– ×

3 πολλὰς δ' ἰφθίμους ψυχὰς Ἄϊδι προΐαψεν
   – – | – – | – – | – · · |– · · |– ×

4 ἡρώων, αὐτοὺς δὲ ἑλώρια τεῦχε κύνεσσιν
   – – |– – |– · · |– · · |– · · |– ×

5 οἰωνοῖσί τε δαῖτα, Διὸς δ' ἐτελείετο βουλή,
   – – |– · · |– · · |– · · |– · · |– ×

6 ἐξ οὗ δὴ τὰ πρῶτα διαστήτην ἐρίσαντε
   – – |– – | – · · |– – |– · · |– ×

7 Ἀτρεΐδης τε ἄναξ ἀνδρῶν καὶ δῖος Ἀχιλλεύς·
   – · · |– · · |– – |– – |– · |– ×

1 Πηληϊάδεω Ἀχιλῆος: Gen., des Peleussohnes Achill
2 μυρία ἄλγεα: tausend Schmerzen
3 Ἄϊδι: das adskribierte i (S. 10) hier silbisch zu sprechen, ohne Hauch = Hades
4 τεῦχε: Augment fehlt!; κύνεσσιν οἰωνοῖσί τε: Dat. Pl. = Hunden und Vögeln
5 δαῖτα: Akkusativ von δαίς, δαιτός = Festmahl (Achtung: Sarkasmus!)
6 seitdem einmal …; διαστήτην ἐρίσαντε: der Atreussohn (Agamemnon) und Achill > zwei Personen > Dual!

THEORIE — SCHRITT 14: ANTWORTE, ANKLÄGER!

Konjugieren: Imperative

Imperative ziehen den Akzent möglichst nach vorn:

διδάσκω	δίδασκε	δίδαξον	διδάσκου	δίδαξαι	διδάχθητι
	lehre!	fang an zu lehren!	bilde dich!	lern was!	lass dich unterrichten!

— LESETIPP —

Der Schreibweise nach sind Imperativ Medium und Infinitiv Aktiv des Aoriststamms gleich: δίδαξαι. Aber der Imperativ betont die drittletzte Silbe, der Infinitiv die vorletzte. Hier hilft der Akzent beim Bestimmen der Verbform.

Die Imperative Aktiv der starken Aoriste von λέγω, ἔρχομαι und ὁράω bilden bezüglich der Akzentregel eine Ausnahme: Sie betonen – auffällig – die letzte Silbe.

εἰπέ	nun sag schon!	ἐλθέ	komm doch!	ἰδέ	sieh mal!

Apologie: Gegensatzpaare

ἐρωτάω	ἀποκρίνομαι
διδάσκω	μανθάνω
φεύγω	ἁλίσκομαι
γράφω	ἀναγιγνώσκω
κατηγορέω	ἀπολογέομαι
μέλει μοι	ἀμελέω
ψεύδω	ψεύδομαι
δίδωμι	λαμβάνω
ποιέω	πάσχω
ἔχω	ἀφίημι
ἀναμιμνήσκομαι	ἐπιλανθάνομαι
ὠφελέω	βλάπτω
σώζω	διαφθείρω

— LERNTIPP —

Es lohnt sich, wichtige Vokabeln immer wieder in neuen Zusammenhängen zu rekapitulieren – hier: zu Paaren sortiert. Wiederholen Sie Bedeutungen und StF.

Kriton drängt den verurteilten Sokrates, vor der Hinrichtung aus dem Gefängnis zu fliehen. Sokrates lehnt ab und malt sich und Kriton aus, wie die νόμοι, die Gesetze der Stadt, ihn davon überzeugen, dass er ihnen Gehorsam schulde. Sie könnten sagen:

1 „Ὦ Σώκρατες, μὴ θαύμαζε τὰ λεγόμενα,
2 ἀλλ' ἀποκρίνου, ἐπειδὴ καὶ εἴωθας χρῆσθαι
3 τῷ ἐρωτᾶν τε καὶ ἀποκρίνεσθαι.
4 φέρε γάρ, τί ἐγκαλῶν ἡμῖν καὶ τῇ πόλει
5 ἐπιχειρεῖς ἡμᾶς ἀπολλύναι;
6 οὐ πρῶτον μέν σε ἐγεννήσαμεν ἡμεῖς,
7 καὶ δι' ἡμῶν ἔλαβε τὴν μητέρα σου
8 ὁ πατὴρ καὶ ἐφύτευσέν σε; φράσον οὖν,
9 τούτοις ἡμῶν, τοῖς νόμοις τοῖς περὶ τοὺς γάμους,
10 μέμφῃ τι, ὡς οὐ καλῶς ἔχουσιν;"
11 „Οὐ μέμφομαι", φαίην ἄν.
12 „Ἀλλὰ τοῖς περὶ τὴν τοῦ γενομένου τροφήν
13 τε καὶ παιδείαν, ἐν ᾗ καὶ σὺ ἐπαιδεύθης;
14 ἢ οὐ καλῶς προσέταττον ἡμῶν
15 οἱ ἐπὶ τούτῳ τεταγμένοι νόμοι,
16 παραγγέλλοντες τῷ πατρὶ τῷ σῷ σε
17 ἐν μουσικῇ καὶ γυμναστικῇ παιδεύειν;"
18 „Καλῶς, φαίην ἄν."
19 „Εἶεν. ἐπειδὴ δὲ ἐγένου τε καὶ ἐξετράφης
20 καὶ ἐπαιδεύθης, ἔχοις ἂν εἰπεῖν πρῶτον μέν,
21 ὡς οὐχὶ ἡμέτερος ἦσθα καὶ ἔκγονος καὶ
22 δοῦλος, αὐτός τε καὶ οἱ σοὶ πρόγονοι;
23 καὶ εἰ τοῦθ' οὕτως ἔχει, ἆρ' ἐξ ἴσου οἴει
24 εἶναι σοὶ τὸ δίκαιον καὶ ἡμῖν;"

Platon, Kriton 50c-e

2   ἐπειδὴ καὶ εἴωθας: „da du es ja auch gewöhnt bist …"; χράομαι + Dat. = etw. anwenden
11/18 Welcher Modus und welches Wirklichkeitsverständnis liegen vor?
19   ἐξετράφης: Das parallele zweite Prädikat legt nahe: Aorist Passiv; ohne Vorsilbe, ohne Augment und mit verdoppeltem Hauch bleibt übrig *θρεφ; lassen Sie sich im **Lexikon** auf τρέφω verweisen und lesen Sie den Artikel (StF) genau.
23   οἴει = οἴῃ (οἴομαι); vgl. **Grammatik**!
24   καί = „wie" (Vergleich)

Infinitiv: final

In seiner Grundbedeutung ist der griechische Infinitiv auf einen Zweck und ein Ziel hin ausgerichtet – λέγειν ist eher „zu reden", „zum Reden" als „reden" (S. 70).

Τολμᾷ λέγειν	Er wagt zu reden.
Ἐπιχειρεῖ λέγειν	Er versucht zu reden.
Κελεύει αὐτοὺς λέγειν	Er befiehlt ihnen zu reden.
Οὐκ ἐᾷ αὐτοὺς λέγειν	Er lässt sie nicht reden.
Πολλὰ ἔχει λέγειν	Er hat viel zu sagen.
Ἔξεστι λέγειν	Es ist erlaubt zu reden.
Χρὴ λέγειν	Es ist nötig zu reden.
Ἀνάγκη λέγειν	Es besteht die Notwendigkeit zu reden.
δεινὸς λέγειν	redegewandt
δίκαιος λέγειν	berechtigt zu reden
καιρὸς λέγειν	(höchste) Zeit zu reden

Infinitiv: substantiviert

Der durch einen Artikel substantivierte Infinitiv behält seine verbale Natur; er bindet Satzglieder an sich wie ein Prädikat (S. 68; vgl. das über das Partizip Gesagte, S. 64).

Schritt 8
καὶ αὐτὸς διὰ τὸ κεκακῶσθαι   Und er – wegen des Gequält-Seins –
οὐκ ἀνοίγει τὸ στόμα.   tut seinen Mund nicht auf.

Schritt 9
προσέρηξεν ὁ ποταμὸς τῇ οἰκίᾳ ἐκείνῃ,   Und der Fluss wütete gegen jenes Haus
καὶ οὐκ ἴσχυσεν σαλεῦσαι αὐτὴν   und konnte es nicht erschüttern
διὰ τὸ καλῶς οἰκοδομῆσθαι αὐτήν.   wegen seines gut und fest Gebaut-Seins.

Schritt 14
Εἴωθας χρῆσθαι   Du bist daran gewöhnt, dich des
τῷ ἐρωτᾶν τε καὶ ἀποκρίνεσθαι.   Fragens und Antwortens zu bedienen.

Ü-TIPP

Beziehen!

Eine wörtliche Übertragung unübersichtlicher Konstruktionen hilft verstehen, darf aber so nicht stehen bleiben. Meistens werden Gliedsätze gebildet. Ordnen Sie vorher zu: Welche Objekte und Adverbien gehören zu dem Infinitiv? Wie ist der Infinitiv in den übergeordneten Satz eingebaut?

SCHRITT 14: ANTWORTE, ANKLÄGER! — PRAXIS

Überlegen Sie, warum die Infinitive hier vom Aoriststamm gebildet sind.
Vergleichen Sie Jesu Stellung zum νόμος mit der des Sokrates zu den νόμοι.

Μὴ νομίσητε, ὅτι ἦλθον καταλῦσαι ....
τὸν νόμον ἢ τοὺς προφήτας· ....
οὐκ ἦλθον καταλῦσαι, ἀλλὰ πληρῶσαι. ....
Ἀμὴν γὰρ λέγω ὑμῖν· ἕως ἂν ....
παρέλθῃ ὁ οὐρανὸς καὶ ἡ γῆ, ...
ἰῶτα ἓν ἢ μία κεραία οὐ μὴ παρέλθῃ ....
ἀπὸ τοῦ νόμου ἕως ἂν πάντα γένηται. ....

Mt 5, 17f. (Schritt 4, S.41)

Sokrates und Polos prüfen, ob es gut ist, für begangenes Unrecht bestraft zu werden. – Wie wird Sokrates weiter argumentieren?

Σ.· „Μετὰ τοῦτο δὲ … σκεψώμεθα, ...
τὸ ἀδικοῦντα διδόναι δίκην ....
ἆρα μέγιστον τῶν κακῶν ἐστιν, ...
ὡς σὺ ᾤου, ἢ μεῖζον τὸ μὴ διδόναι, ...
ὡς αὖ ἐγὼ ᾤμην. Σκοπώμεθα δὲ τῇδε." ....

Platon, Gorgias 476a

Am Ostermorgen ist Jesu Grab leer. Ein Engel spricht die Frauen an, die den Leichnam suchen.

„Τί ζητεῖτε τὸν ζῶντα μετὰ τῶν νεκρῶν; ....
Οὐκ ἔστιν ὧδε, ἀλλὰ ἠγέρθη. ....
Μνήσθητε, ὡς ἐλάλησεν ὑμῖν ....
ἔτι ὢν ἐν τῇ Γαλιλαίᾳ ....
λέγων τὸν υἱὸν τοῦ ἀνθρώπου, ὅτι δεῖ ....
παραδοθῆναι εἰς χεῖρας ἀνθρώπων ....
ἁμαρτωλῶν καὶ σταυρωθῆναι καὶ ....
τῇ τρίτῃ ἡμέρᾳ ἀναστῆναι." ....
Καὶ ἐμνήσθησαν τῶν ῥημάτων αὐτοῦ. ....

Lk 24,5–8

EXAMEN — SCHRITT 14: ANTWORTE, ANKLÄGER!

XI/XII

Wessen hat Sokrates den Meletos überführt? – Tragen Sie hier den Spitzensatz ein, griechisch und deutsch:

....

....

....

XIII

Welche Gegensatzpaare werden hier präsentiert (griechisch) und was geschieht dabei mit Meletos (deutsch)?

....

....

....

XIV/XV

Die Anklage wird zu einem Widerspruch in sich (griechisch + deutsch):

....

....

....

XVI

Welche Wahl haben Achill und Sokrates (griechisch + deutsch)?

....

....

XVII

οἶδα – Sokrates gibt zu, etwas zu wissen … (griechisch + deutsch):

....

....

XVIII

An welches θεμιτόν (elementares oder heiliges Gesetz) glaubt Sokrates und in wessen Interesse verteidigt er sich (griechisch + deutsch)?

....

....

....

Schritt 15: Für euch

Sie lesen

- die Abschnitte XIX bis XXVIII der Apologie
- von der „Strafe", die Sokrates beantragt

Sie wiederholen

- Verben und Stammformen
- Konjugationsgruppen (Übersicht)

Sie lernen neu

- die Deklination der i- und u-Stämme
- prädikative Ergänzungen, den doppelten Akkusativ

Der Tod hat nicht das letzte Wort – bei Sokrates ist das weltlich gemeint: Es gibt Schlimmeres zu fürchten, wie Untreue, Unwahrheit, Schande. Die eschatologische Perspektive – Auferstehung, Leben nach dem Tod – der christlichen Tradition ist bei Sokrates bzw. Platon nicht im Blick.

BASIS SCHRITT 15: FÜR EUCH

Sorge um die Seele

Vergleichen Sie, was Sokrates und Jesus über das Ziel des Lebens sagen – und beziehen Sie dies auf den jeweiligen Argumentationszusammenhang; Sie brauchen die StF von εὑρίσκω und ἀπόλλυμι.

Ὦ ἄριστε ἀνδρῶν, ...
   Ἀθηναῖος ὤν, ...
   πόλεως τῆς μεγίστης ....
   καὶ εὐδοκιμωτάτης ....
   εἰς σοφίαν καὶ ἰσχύν, ...

χρημάτων μὲν οὐκ αἰσχύνῃ ....
ἐπιμελούμενος, ...
ὅπως σοι ἔσται ὡς πλεῖστα, ...
καὶ δόξης καὶ τιμῆς, ...
φρονήσεως δὲ καὶ ἀληθείας ....
καὶ τῆς ψυχῆς, ...
ὅπως ὡς βελτίστη ἔσται, ...
οὐκ ἐπιμελῇ οὐδὲ φροντίζεις; ....

Apologie XVII (29d-e)

Εἴ τις θέλει ὀπίσω μου ἐλθεῖν, ...
ἀπαρνησάσθω ἑαυτὸν καὶ ....
ἀράτω τὸν σταυρὸν αὐτοῦ ....
καὶ ἀκολουθείτω μοι. ....
Ὃς γὰρ ἐὰν θέλῃ τὴν ψυχὴν αὐτοῦ ....
σῶσαι, ἀπολέσει αὐτήν· ....
ὃς δ' ἂν ἀπολέσῃ τὴν ψυχὴν αὐτοῦ ....
ἕνεκεν ἐμοῦ, εὑρήσει αὐτήν. ....

Mt 16,24 f.

Τί γὰρ ὠφεληθήσεται ἄνθρωπος, ...
ἐὰν τὸν κόσμον ὅλον κερδήσῃ, ...
τὴν δὲ ψυχὴν αὐτοῦ ζημιωθῇ; ....

Mt 16,26

SCHRITT 15: FÜR EUCH — LOGOS

Lesen Sie Xenophons Plädoyer für Sokrates; Sie brauchen die StF von λέγω und ἔχω.

1 Ἐμοὶ μὲν δὴ Σωκράτης τοιοῦτος ὢν ἐδόκει
2 τιμῆς ἄξιος εἶναι τῇ πόλει μᾶλλον ἢ
3 θανάτου. Καὶ κατὰ τοὺς νόμους δὲ σκοπῶν
4 ἄν τις τοῦθ' εὕροι. Κατὰ γὰρ τοὺς νόμους,
5 ἐάν τις φανερὸς γένηται κλέπτων ἢ
6 λωποδυτῶν ἢ βαλλαντιοτομῶν … ἢ
7 ἀνδραποδιζόμενος ἢ ἱεροσυλῶν,
8 τούτοις θάνατός ἐστιν ἡ ζημία· ὧν
9 ἐκεῖνος πάντων ἀνθρώπων πλεῖστον
10 ἀπεῖχεν. Ἀλλὰ μὴν τῇ πόλει γε οὔτε
11 πολέμου κακῶς συμβάντος οὔτε στάσεως
12 οὔτε προδοσίας οὔτε ἄλλου κακοῦ οὐδενὸς
13 πώποτε αἴτιος ἐγένετο· οὐδὲ μὴν ἰδίᾳ γε
14 οὐδένα πώποτε ἀνθρώπων οὔτε ἀγαθῶν
15 ἀπεστέρησεν οὔτε κακοῖς περιέβαλεν,
16 ἀλλ' οὐδ' αἰτίαν τῶν εἰρημένων οὐδενὸς
17 πώποτ' ἔσχε. Πῶς οὖν ἂν ἔνοχος εἴη τῇ
18 γραφῇ; Ὃς ἀντὶ μὲν τοῦ μὴ νομίζειν θεούς,
19 ὡς ἐν τῇ γραφῇ ἐγέγραπτο, φανερὸς ἦν
20 θεραπεύων τοὺς θεοὺς μάλιστα τῶν ἄλλων
21 ἀνθρώπων, ἀντὶ δὲ τοῦ διαφθείρειν τοὺς
22 νέους, ὃ δὴ ὁ γραψάμενος αὐτὸν ᾐτιᾶτο,
23 φανερὸς ἦν τῶν συνόντων τοὺς πονηρὰς
24 ἐπιθυμίας ἔχοντας τούτων μὲν παύων, τῆς
25 δὲ καλλίστης καὶ μεγαλοπρεπεστάτης
26 ἀρετῆς, ᾗ πόλεις τε καὶ οἶκοι εὖ οἰκοῦσι,
27 προτρέπων ἐπιθυμεῖν· ταῦτα δὲ πράττων
28 πῶς οὐ μεγάλης ἄξιος ἦν τιμῆς τῇ πόλει;

Xenophon, Memorabilia 1,2,62–64

3/4 σκοπῶν … εὕροι: Konstruieren Sie vom Subjekt her – Modus?
5 ff. φανερὸς γίγνομαι κλέπτων …: konstruiert wie τυγχάνω ὤν (S. 88)
18   ἀντί τοῦ μὴ νομίζειν θεούς: anstelle des … (substantivierter Inf.; S. 148)

Korrelationen

Demonstrativ-, Relativ-, Frage- und Indefinitpronomen sind aufeinander bezogen; sie korrelieren in Form und Bedeutung (S. 102; 138). Neben dem Querschnitt – z. B. das Fragepronomen τίς und seine Deklination – lohnt es, den Längsschnitt zu betrachten:

Interrogativ	Indefinit	Demonstrativ	Relativ
τίς (nur indirekt: ὅστις)	τις	ὅδε – οὗτος – ἐκεῖνος	ὅς (verallgemeinernd: ὅστις)

LERNTIPP

Am effektivsten ist ein solcher Längsschnitt bei ποῖος und πόσος – machen Sie sich klar: wann immer ein Pronomen/Adverb die Silbe οι enthält, wird eine Qualität beschrieben, wann immer ein Pronomen/Adverb die Silbe οσ enthält, wird eine Quantität beschrieben: ποῖοι – was für welche; τοσοῦτοι – so viele.

Konsonantisch deklinieren: Die beiden Halbvokale i und u

Die kons. Dekl. enthält Stämme, die nicht auf α oder ο auslauten, sondern auf einen beliebigen Konsonanten (S. 20) – oder auf ι oder υ. Aufgrund ihres doppelten Lautwerts – i und j bzw. u und w – nehmen Jota und Ypsilon eine Zwischenstellung zwischen Konsonanten und Vokalen ein. Das zeigt sich in den Deklinationsschemata, die Endungen der vokalischen (ν im Akk. Sg.) und der konsonantischen Deklination (ς im Gen. Sg.; σιν im Dat. Pl.) vereinen. Charakteristisch ist der Gen. Sg. auf εως (aus ηος entstanden).

LERNTIPP

Lernen Sie πόλις – ἰχθῦς – βασιλεύς als die wichtigsten Vertreter dieser Sondergruppe der kons. Dekl., so dass Sie sie sicher beherrschen (Grammatik!)

ἰχθῦς, ύος, m.   Fisch

Das Erkennungszeichen der Christen ist der Fisch. Erklärung: Die Anfangsbuchstaben des Christus-Titels ΙΗΣΟΥΣ ΧΡΙΣΤΟΣ ΘΕΟΥ ΥΙΟΣ ΣΩΤΗΡ ergeben das Wort ἰχθῦς.

In den Schritten 3–15 sind bereits ι-Stämme vorgekommen; finden Sie durch Bilden des Genitivs die beiden Vokabeln, die nicht dazugehören.

πόλις,	εως	Stadt
ὄφις,	....	Schlange
χάρις,	....	Gnade
στάσις,	....	Aufstand
πρόφασις,	....	Vorwand
πατρίς,	....	Heimat
ποίησις,	....	das Dichten
γνῶσις,	....	Wissen

Kallikles über das „Naturrecht" des Stärkeren

Übersetzen Sie. Wiederholen Sie τίθημι sowie die unregelmäßige Komparation.

1 Φύσει μὲν γὰρ πᾶν αἴσχιόν ἐστιν,
2 ὅπερ καὶ κάκιον, τὸ ἀδικεῖσθαι,
3 νόμῳ δὲ τὸ ἀδικεῖν.
4 Οὐδὲ γὰρ ἀνδρὸς τοῦτό γ' ἐστὶν
5 τὸ πάθημα, τὸ ἀδικεῖσθαι,
6 ἀλλ' ἀνδραπόδου τινός, ᾧ κρεῖττόν
7 ἐστιν τεθνάναι ἢ ζῆν,
8 ὅστις ἀδικούμενος καὶ προπηλακιζόμενος
9 μὴ οἷός τέ ἐστιν αὐτὸς αὑτῷ βοηθεῖν
10 μηδὲ ἄλλῳ, οὗ ἂν κήδηται.
11 Ἀλλ', οἶμαι, οἱ τιθέμενοι τοὺς νόμους
12 οἱ ἀσθενεῖς ἄνθρωποί εἰσιν καὶ οἱ πολλοί.
13 Πρὸς αὑτοὺς οὖν καὶ τὸ αὑτοῖς συμφέρον
14 τούς τε νόμους τίθενται καὶ τοὺς ἐπαίνους
15 ἐπαινοῦσιν καὶ τοὺς ψόγους ψέγουσιν.

Platon, Gorgias 483a-c

1–3 Parallele Gedankenführung: φύσει <u>μὲν</u> αἴσχιον ... τὸ ἀδικεῖσθαι – νόμῳ <u>δὲ</u> ... τὸ ἀδικεῖν
1   αἰσχρός: unregelmäßige Steigerung, s. Grammatik; Sie kennen αἰσχύνομαι.
7   θνῄσκω: geläufiger ist das Kompositum ἀποθνῄσκω – StF?
9/13 αὑτῷ; αὑτοῖς: Beachten Sie jeweils den Spiritus.

THEORIE — SCHRITT 15: FÜR EUCH

Konjugieren – in Klassen

Der einfache Stamm eines Verbs und sein Präsensstamm sind nicht immer identisch (S. 44); oft weist der Präsensstamm Erweiterungen auf. Die Erweiterungen lassen sich klassifizieren – entsprechend spricht man von verschiedenen **Präsensklassen**.

Einfach λέγ-ω, παιδεύ-ω, παύ-ω, πείθ-ω, μέν-ω

ι-Einschub	Nasal-Einschub	σκ-Einschub	Reduplikation	Anhang ε
(ἀγγελ-ι-ω =)	λα-μ-βά-ν-ω	εὑρ-ίσκ-ω	γι-γνώ-σκ-ω	δοκ-έ-ω
ἀγγέλλω	λα-ν-θά-ν-ω	γιγνώ-σκ-ω	γί-γν-ομαι	
(πραγ-ι-ω =)	τέμ-ν-ω			anders:
πράττω				ποιέ-ω; denn hier
(φαν-ι-ω =)				gehört das e
φαίνω				zum Stamm.

Konjugieren – in Gruppen

Vom Präsensstamm wird das Imperfekt, vom einfachen Stamm dagegen das Futur gebildet. Innerhalb der thematischen Konjugation treten bei der Futurbildung deutliche Unterschiede auf:

παιδεύω, παιδεύσω – ποιέω, ποιήσω – γράφω, γράψω – μένω, μενῶ

Das liegt am Auslaut des einfachen Stamms: Je nachdem ob er vokalisch oder konsonantisch ist, kann das Futur-σ entweder additiv bzw. dehnend hinzutreten, oder es verschmilzt oder reagiert in anderer Weise mit dem Schlusslaut (S.44).

Mit Vokal		Mit Konsonant	
additiv	dehnend	verändernd	verändert
παύω	ποιέω	γράφω	ἀγγέλλω
παιδεύω	τιμάω	πέμπω	μένω
		ἄγω	διαφθείρω
Futur			
+ σ + ω	η + σ + ω	φ + σ = ψ	kein sichtbares σ;
		π + σ = ψ	Endung
Aorist		γ + σ = ξ	kontrahiert
+ σ + α	η + σ + α		

LERNTIPP

Studieren Sie die Konjugationsgruppen und -klassen in Ihrer **Grammatik**. Je genauer Sie darüber Bescheid wissen, desto weniger Schwierigkeiten macht das Behalten und Aufsagen der Stammformen; manches Verb, das unregelmäßig scheint, folgt den Regeln seiner Gruppe und Klasse.

SCHRITT 15: FÜR EUCH — PRAXIS

Jesus: „Ich gebe mein Leben für euch"

„Ἐγώ εἰμι ὁ ποιμὴν ὁ καλὸς καὶ γινώσκω
τὰ ἐμὰ καὶ γινώσκουσί με τὰ ἐμά, καθὼς
γινώσκει με ὁ πατὴρ κἀγὼ γινώσκω τὸν πατέρα,
καὶ τὴν ψυχήν μου τίθημι ὑπὲρ τῶν προβάτων.
Καὶ ἄλλα πρόβατα ἔχω, ἃ οὐκ ἔστιν ἐκ τῆς αὐλῆς
ταύτης· κἀκεῖνα δεῖ με ἀγαγεῖν καὶ
τῆς φωνῆς μου ἀκούσουσιν, καὶ γενήσονται
μία ποίμνη, εἷς ποιμήν. …"
Ἐγένετο τότε τὰ ἐγκαίνια ἐν τοῖς Ἱεροσολύμοις·
χειμὼν ἦν, καὶ περιεπάτει ὁ Ἰησοῦς ἐν τῷ ἱερῷ
ἐν τῇ στοᾷ τοῦ Σολομῶνος.
Ἐκύκλωσαν οὖν αὐτὸν οἱ Ἰουδαῖοι καὶ
ἔλεγον αὐτῷ· „Ἕως πότε τὴν ψυχὴν ἡμῶν
αἴρεις; εἰ σὺ εἶ ὁ Χριστός, εἰπὲ ἡμῖν παρρησίᾳ."
Ἀπεκρίθη αὐτοῖς ὁ Ἰησοῦς· „Εἶπον ὑμῖν
καὶ οὐ πιστεύετε· τὰ ἔργα, ἃ ἐγὼ ποιῶ ἐν τῷ
ὀνόματι τοῦ πατρός μου, ταῦτα μαρτυρεῖ περὶ
ἐμοῦ· ἀλλὰ ὑμεῖς οὐ πιστεύετε, ὅτι οὐκ ἐστὲ
ἐκ τῶν προβάτων τῶν ἐμῶν. Τὰ πρόβατα τὰ ἐμὰ
τῆς φωνῆς μου ἀκούουσιν, κἀγὼ γινώσκω αὐτὰ
καὶ ἀκολουθοῦσίν μοι …"

Joh 10,14–16.22–27

- Beachten Sie die Kongruenz: Subjekt im n. Pl. – Präd. im … ? (S. 52)
- Wiederholen Sie Pronomen, z. B. Possessivpronomen sowie S. 134.
- Tragen Sie Verbformen aus dem Text jeweils in beide Tabellen ein.

Klassen		
ν	σκ	redupliziert

Gruppen		
Vokal	π, β, κ, γ, τ, δ	λ, μ, ν, ρ

SCHRITT 15: FÜR EUCH

Satzglieder – attributiv und prädikativ

Neben adjektivischen Attributen und Genitivattributen (S. 58) gibt es als dritte Gruppe die **Appositionen**: ein zweites Nomen tritt zu Subjekt oder Objekt, um es näher zu klassifizieren.

Παῦλος καὶ Σιλουανὸς καὶ Τιμόθεος τῇ ἐκκλησίᾳ Θεσσαλονικέων ἐν θεῷ <u>πατρὶ</u> καὶ <u>κυρίῳ</u> Ἰησοῦ Χριστῷ. (*Schritt 3*)

… in Gott, <u>dem Vater</u>, und (in) Jesus Christus, <u>dem Herrn</u>

Adverbien qualifizieren Verben (S. 62, 114): καλῶς λέγειν, ταχέως ἀπέρχεσθαι, ἡδὺ γελᾶν, ἀεὶ ὑμνεῖσθαι

Nomen – Adjektive wie Substantive –, die im Satz ein Verb (Prädikat, Partizip oder Infinitiv) qualifizieren, heißen **prädikativ**:

Πρῶτος ὁ Παῦλος τοῖς ἔθνεσιν ἐκήρυσσεν τὸ εὐαγγέλιον. Als Erster verkündete …
Πρῶτοι ὁ Πέτρος τε καὶ ὁ Παῦλος τοῖς ἔθνεσιν ἐκήρυσσον τὸ εὐαγγέλιον. Als Erste verkündeten …

Ἐπορεύετο γὰρ τὴν ὁδὸν αὐτοῦ χαίρων …   Denn er zog seinen Weg <u>fröhlich</u> …

Sonderfälle sind einerseits das Prädikatsnomen bei εἰμί (S. 38) – das Hilfsverb hat keine eigene Aussagekraft – andererseits Konstruktionen mit **doppeltem Akkusativ**: Verben mit der Bedeutung: „machen zu", „nennen" haben notwendig ein Objekt und dessen prädikative Ergänzung bei sich:

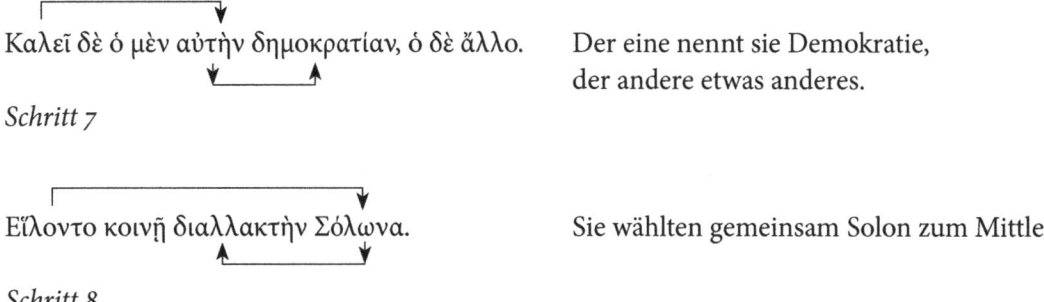

Καλεῖ δὲ ὁ μὲν αὐτὴν δημοκρατίαν, ὁ δὲ ἄλλο.   Der eine nennt sie Demokratie,
                                                 der andere etwas anderes.
Schritt 7

Εἵλοντο κοινῇ διαλλακτὴν Σόλωνα.   Sie wählten gemeinsam Solon zum Mittler.
Schritt 8

Ü-TIPP

Kongruenzen beachten!

Zwei Nomen im gleichen Kasus, die nicht mit „und" verbunden sind, können prädikativ konstruiert sein. Im Deutschen muss dann meistens „als" oder „zu" eingefügt werden.

SCHRITT 15: FÜR EUCH **PRAXIS**

Lesen Sie, wie die Argumentation des Kallikles (S. 155) weitergeht – nennen Sie zum Schluss ein Prädikatsnomen und einen prädikativen Akkusativ. Wozu verwendet Kallikles Appositionen?

1 Ἐκφοβοῦντες τοὺς ἐρρωμενεστέρους ....
2 τῶν ἀνθρώπων καὶ δυνατοὺς ὄντας ....
3 πλέον ἔχειν, ἵνα μὴ αὐτῶν πλέον ἔχωσιν, ...
4 λέγουσιν, ὡς αἰσχρὸν καὶ ἄδικον ....
5 τὸ πλεονεκτεῖν, καὶ τοῦτό ἐστιν τὸ ἀδικεῖν, ...
6 τὸ πλέον τῶν ἄλλων ζητεῖν ἔχειν. ....
7 Ἀγαπῶσι γάρ, οἶμαι, αὐτοί, ἂν ....
8 τὸ ἴσον ἔχωσιν φαυλότεροι ὄντες. ....
9 Διὰ ταῦτα δὴ νόμῳ μὲν ....
10 τοῦτο ἄδικον καὶ αἰσχρὸν λέγεται, ...
11 τὸ πλέον ζητεῖν ἔχειν τῶν πολλῶν, ...
12 καὶ ἀδικεῖν αὐτὸ καλοῦσιν· ....
13 ἡ δέ γε, οἶμαι, φύσις αὐτὴ ἀποφαίνει αὐτό, ...
14 ὅτι δίκαιόν ἐστιν τὸν ἀμείνω ....
15 τοῦ χείρονος πλέον ἔχειν ....
16 καὶ τὸν δυνατώτερον τοῦ ἀδυνατωτέρου. ....
17 Δηλοῖ δὲ ταῦτα πολλαχοῦ, ὅτι οὕτως ἔχει, ...
18 καὶ ἐν τοῖς ἄλλοις ζῴοις καὶ ....
19 τῶν ἀνθρώπων ἐν ὅλαις ταῖς πόλεσι ....
20 καὶ τοῖς γένεσιν, ὅτι οὕτω ....
21 τὸ δίκαιον κέκριται, τὸν κρείττω ....
22 τοῦ ἥττονος ἄρχειν καὶ πλέον ἔχειν. ....

Platon, Gorgias 483c–d

7 ἄν = ἐάν – Welcher Modus wird verwendet? In welcher Funktion?
14 nach δίκαιόν ἐστιν folgt ein Accusativus cum Infinitivo (A.c.I., S. 70)
22 ἄρχειν + Gen.: herrschen über

Prädikatsnomen	Prädikativer Akkusativ

EXAMEN — SCHRITT 15: FÜR EUCH

XIX
Sokrates kontrastiert: ἰδιωτεύειν und δημοσιεύειν. Was ist gemeint?
Welches Licht wirft der Schlusssatz auf den Zustand des Staates (deutsch)?

....

....

....

XX–XXII
Sokrates kündigt μεγάλα τεκμήρια an – wofür (griechisch)?

....

....

....

Welcher Art sind die τεκμήρια (deutsch)? – Informieren Sie sich über Sokrates' Biografie.

....

....

....

XXIII–XXIV
Sokrates beendet seine Verteidigung, wie er sie begonnen hat – mit einer Absage an manipulative Mittel – Suchen Sie den Kernsatz (griechisch + deutsch).

....

....

....

XXV ff.
Sokrates ist schuldig gesprochen; verfassungsgemäß soll er nun für sich selbst einen Strafantrag stellen – Wie argumentiert er, welche Strafe scheint ihm sinnvoll, wie kommt er am Ende zu seinem Antrag? Machen Sie sich griechische Stichworte, die den Gedankengang nachzeichnen.

....

....

....

Schritt 16: Eines von zweien ist der Tod

Sie lesen

- Sokrates' letzte Rede nach dem Todesurteil
- Sokrates' Gedanken über den Tod
- Sokrates' Prophezeiung für die, die ihn verurteilt haben

Sie wiederholen

- Deklinationen + Konjugationen
- Infinitive und Partizipien

Sie lernen neu

- einen Blick auf das Neugriechische
- einen Blick in die mythische Unterwelt

Was ist der Tod? Ist er mit allen Mitteln zu vermeiden? Ist er zu fürchten? Sokrates malt zwei Bilder – den Tod als Schlafes Bruder, den Tod als Umzug in eine andere Welt und Existenz mit neuen Möglichkeiten. Dennoch geht es ihm ebenso wenig um Weltflucht wie um die Flucht vor dem Todesurteil, das, wie er hofft, schon seinen tieferen Sinn haben werde ...

THEORIE SCHRITT 16: EINES VON ZWEIEN IST DER TOD

Gedanken über Leben und Tod

Ὦ ξεῖν', ἀγγέλλειν Λακεδαιμονίοις, ὅτι τῇδε κείμεθα τοῖς κείνων ῥήμασι πειθόμενοι.	O Fremder, melde den Spartanern, dass wir hier/ liegen, gehorsam ihren Worten.

Nachruf auf die Helden des Kampfes an den Thermopylen (Simonides-Epigramm)

- Was steht da anstelle des Imperativs?

Εὐβοίης γένος ἦμεν Ἐρετρικόν, ἄγχι δὲ Σούσων κείμεθα, φεῦ, γαίης ὅσσον ἀφ' ἡμετέρης.	Von Euboia, Geschlecht aus Eretria, waren wir. Nahe bei Susa/ liegen wir. Weh, ach wie weit von unserer Erde!

Grab-Epigramm

- ὅσσον = ὅσον

Πέπεισμαι γάρ, ὅτι οὔτε θάνατος οὔτε ζωὴ
οὔτε ἄγγελοι οὔτε ἀρχαὶ οὔτε ἐνεστῶτα
οὔτε μέλλοντα οὔτε δυνάμεις οὔτε ὕψωμα
οὔτε βάθος οὔτε τις κτίσις ἑτέρα δυνήσεται
ἡμᾶς χωρίσαι ἀπὸ τῆς ἀγάπης τοῦ θεοῦ τῆς
ἐν Χριστῷ Ἰησοῦ τῷ κυρίῳ ἡμῶν.

Röm 8,38 f.

Οὐδεὶς γὰρ ἡμῶν ἑαυτῷ ζῇ, καὶ οὐδεὶς
ἑαυτῷ ἀποθνῄσκει· ἐάν τε γὰρ ζῶμεν,
τῷ κυρίῳ ζῶμεν, ἐάν τε ἀποθνῄσκωμεν,
τῷ κυρίῳ ἀποθνῄσκομεν.
Ἐάν τε οὖν ζῶμεν ἐάν τε ἀποθνῄσκωμεν,
τοῦ κυρίου ἐσμέν. Εἰς τοῦτο γὰρ Χριστὸς
ἀπέθανεν καὶ ἔζησεν, ἵνα καὶ νεκρῶν καὶ
ζώντων κυριεύσῃ.

Röm 14,7–9

πέπεισμαι	Geben Sie das Tempus deutlich wieder.
χωρίσαι	Bestimmen Sie.
ζῇ	Indikativ oder Konjunktiv?
ἔζησεν	„er lebte" – ist zu allgemein; verdeutlichen Sie den Aspekt.

Gedanken über das Ziel des Lebens

Ἓν ἀνδρῶν, ἓν θεῶν γένος. Ἐκ μιᾶς δὲ πνέομεν
ματρὸς ἀμφότεροι. Διείργει δὲ πᾶσα κεκριμένα
δύναμις, ὡς τὸ μὲν οὐδέν, ὁ δὲ
χάλκεος ἀσφαλὲς αἰὲν ἕδος
μένει οὐρανός. Ἀλλά τι προσφέρομεν ἔμπαν ἢ μέγαν
νόον ἤτοι φύσιν ἀθανάτοις,
καίπερ ἐφαμερίαν οὐκ εἰδότες οὐδὲ μετὰ νύκτας
ἄμμε πότμος
ἄντιν' ἔγραψε δραμεῖν ποτὶ στάθμαν.

Pindar, Nemeen 6,1–7

Eigenheiten des dorischen Dialekts:

α statt η: μάτηρ – ἀμέρα -   αἰέν für ἀεί
ἐφαμερία – ἄντινα – στάθμα   ἄμμε äolisch für ἡμᾶς
unkontrahierte Formen: πνέομεν   ποτί für πρός
ἔμπαν: gleichwohl

─ LESETIPP ─

Ob dorischer oder ionischer Dialekt (oben: Pindar, unten: Herodot) – die Eigenheiten betreffen wenige Lautungen und Vokabeln. Ihr Lesen wird geläufiger, wenn Sie sich angewöhnen, darüber hinwegzusehen.

Weitere Gedanken über das Ziel des Lebens

Kroisos fragte einst Solon, wer wohl der glücklichste Mensch sei. Solon nannte einen wenig bekannten Namen. Der Mann habe ein gutes, erfülltes Leben gehabt und sei im Kampf für seine Stadt ehrenvoll gefallen. „Wer noch?", drängte Kroisos, der gern selbst genannt werden wollte. „Kleobis und Biton", war die Antwort. Für diese habe die Mutter die Göttin Hera gebeten, dass sie ihnen das Beste schenke, was einem Menschen widerfahren könne – denn die Söhne hatten der Mutter und der Göttin einen großen Dienst erwiesen … ἱρός = ἱερός, νεηνίαι = νεανίαι, σφέων = σφῶν = αὐτῶν (S. 124), ἐς =εἰς

Μετὰ ταύτην δὲ τὴν εὐχὴν ὡς ἔθυσάν τε καὶ
εὐωχήθησαν, κατακοιμηθέντες ἐν αὐτῷ τῷ ἱρῷ
οἱ νεηνίαι οὐκέτι ἀνέστησαν, ἀλλ' ἐν τέλεϊ
τούτῳ ἔσχοντο. Ἀργεῖοι δὲ σφέων εἰκόνας
ποιησάμενοι ἀνέθεσαν ἐς Δελφοὺς
ὡς ἀνδρῶν ἀρίστων γενομένων.

Herodot, Historien 1,31,5

THEORIE SCHRITT 16: EINES VON ZWEIEN IST DER TOD

Nennen und Deklinieren

Sokrates nennt in seiner Vision eines Lebens jenseits des Todes einige Hades-Bewohner.
Schlagen Sie nach – im Mythologie-Lexikon (Bedeutung) sowie im Griechisch-Lexikon (mit Gen.). –
Die Namen führen quer durch die Deklinationen; Gemeinsamkeiten werden sichtbar.

		Schlusslaute m. Sg. (alle Varianten)	m. Pl.
Nom.	Μίνως Ῥαδάμανθυς Αἰακός Τριπτόλεμος	ς, ρ, ν	ες, οι
Gen.	Τελαμῶνος	ς, ου	ων
Dat.	Αἴαντι Ὀρφεῖ Μουσαίῳ Ἡσιόδῳ Ὁμήρῳ Παλαμήδει	ι + ι subscriptum	σιν, οις
Akk.	Ὀδυσσέα Σίσυφον	α, ν	(α)ς, ους

LERNTIPP

Nur mit Kenntnis von Nom. und Gen. können Sie deklinieren.

Εὐδαιμονέστεροί εἰσιν οἱ ἐκεῖ τῶν ἐνθάδε, ...
καὶ ἤδη τὸν λοιπὸν χρόνον ἀθάνατοί εἰσιν, ...
εἴπερ γε τὰ λεγόμενα ἀληθῆ.   ....

Apologie XXXII (41c)

LERNTIPP

Deklinieren Sie Komparative, auch unregelmäßige. Merken Sie sich vor allem: aus der Endung ονα wird meistens ω.

Beispiele für neugriechische Deklinationen (mit allen nötigen Sprechzeichen). Markieren Sie in zwei Farben: Gemeinsamkeiten mit dem Altgriechischen bzw. Unterschiede.

Maskulin

Nom.	ο	κύριος	Nom.	οι	κύριοι
Gen.	του	κυρίου	Gen.	των	κυρίων
Akk.	τον	κύριο	Akk.	τους	κυρίους
Vok.		κύριε	Vok.		κύριοι

Feminin

Nom.	η	κυρία	Nom.	οι	κυρίες
Gen.	της	κυρίας	Gen.	των	κυριών
Akk.	την	κυρία	Akk.	τις	κυρίες
Vok.		κυρία	Vok.		κυρίες

Neutrum

Nom.	το	παιδί	Nom.	τα	παιδιά
Gen.	του	παιδιού	Gen.	των	παιδιών
Akk.	το	παιδί	Akk.	τα	παιδιά
Vok.		παιδί	Vok.		παιδιά

Unbestimmter Artikel

Nom.	ένας	μία	ένα
Gen.	ενός	μίας	ενός
Akk.	έναν	μία	ένα
Vok.			

Zusatzfragen
- Was fällt Ihnen an den Sprechzeichen auf?
- Wie steht es mit der Vollständigkeit der Formen?
- Was hat das Neugriechische, was das Altgriechische nicht hat? (Erkennen Sie, woraus es entstanden ist?)

LESETIPP

Im Genitiv Plural hat sich bis heute eine Besonderheit bewahrt: Viele feminine Formen (Altgriechisch a-Dekl.) tragen die Betonung auf der letzten Silbe. Bei unübersichtlichen Sätzen kann dieser Hinweis konstruieren helfen!

THEORIE   SCHRITT 16: EINES VON ZWEIEN IST DER TOD

Konjugieren, neugriechisch

Erläutern Sie, worum es geht; nennen Sie konkret entsprechende bzw. abweichende altgriechische Phänomene. (Sie lernen hier nicht Neugriechisch; der Sprachvergleich lädt aber ein zu rekapitulieren.)

Im Unterschied zum Deutschen gibt es im Neugriechischen keinen Infinitiv; im Wörterbuch findet man die Verben mit der Endung der 1. Person Singular des Präsens, zumeist auf ω, weniger häufig auf ώ (Aktiv) und noch seltener auf ομαι (zumeist Passiv, Reflexiva).
Regelmäßig ist z. B. έχω, έχεις, έχει, έχουμε, έχετε, έχουν.

Wie auch im Deutschen weichen die Präsensformen de Verbs „sein" vom üblichen Schema ab: είμαι, είσαι, είναι, είμαστε, είστε, είναι.

Das Verb προτιμώ (habe lieber) trägt den Ton auf der Endung; es gibt Nebenformen mit α: προτιμάω, προτιμάει, προτιμάμε, προτιμάν.

Im Neugriechischen wird das Futur mit der Partikel θα gekennzeichnet; sie steht vor dem Verb:
θα πίω – ich werde trinken.

Um griechische Verben in die aktive Aoristform zu setzen, muss man

- die Endungen verändern
- die Betonung nach vorn ziehen
- bei manchen kürzeren Verben dehalb ein ε, η oder ει am Anfang des Verbs hinzufügen
- (oft) den Stamm des Verbs verändern.

Da es im Neugriechischen keinen Infinitiv gibt, müssen Konstruktionen mit Hilfsverben (ich <u>will</u> ... zahlen) anders gebildet werden als im Deutschen. Man verwendet die Partikel να und setzt das folgende Verb in den Konjunktiv: θέλω να πληρώσω (ich will, dass ich zahle). Das σ ist dabei das Kennzeichen des Aoriststamms – es drückt nicht Vergangenheit aus, sondern die Einmaligkeit des Vorhabens. θέλω να πληρώνω (Präsensstamm) würde bedeuten: Ich will immer und unentwegt zahlen.

Am besten zu zweit: Geben Sie sich Rechenschaft über alle Überlegungen, die zur Ermittlung der StF 1 bzw. zur Bestimmung der unterstrichenen Verbformen führen.
Schlagen Sie nach und versuchen Sie schrittweise eine mündliche Übersetzung.
Wo Modus- oder Tempusgebrauch es nahe legen, klären Sie Funktion bzw. Aspekt.

Zeugen des Evangeliums

1 Ὅ ἦν ἀπ' ἀρχῆς, ὃ ἀκηκόαμεν,
2 ὃ ἑωράκαμεν τοῖς ὀφθαλμοῖς ἡμῶν,
3 ὃ ἐθεασάμεθα καὶ αἱ χεῖρες ἡμῶν ἐψηλάφησαν
4 περὶ τοῦ λόγου τῆς ζωῆς— καὶ ἡ ζωὴ ἐφανερώθη,
5 καὶ ἑωράκαμεν καὶ μαρτυροῦμεν καὶ ἀπαγγέλλομεν
6 ὑμῖν τὴν ζωὴν τὴν αἰώνιον, ἥτις ἦν πρὸς τὸν πατέρα
7 καὶ ἐφανερώθη ἡμῖν— ὃ ἑωράκαμεν καὶ ἀκηκόαμεν,
8 ἀπαγγέλλομεν καὶ ὑμῖν, ἵνα καὶ ὑμεῖς κοινωνίαν
9 ἔχητε μεθ' ἡμῶν. καὶ ἡ κοινωνία δὲ ἡ ἡμετέρα
10 μετὰ τοῦ πατρὸς καὶ μετὰ τοῦ υἱοῦ αὐτοῦ
11 Ἰησοῦ Χριστοῦ. καὶ ταῦτα γράφομεν ἡμεῖς,
12 ἵνα ἡ χαρὰ ἡμῶν ᾖ πεπληρωμένη.

1. Joh 1,1-4

1 ὅ = Sg. n. = das, was   12 χαρά = Freude

Jesu Anspruch und Verheißung

1 Ἐγώ εἰμι ἡ ἄμπελος, ὑμεῖς τὰ κλήματα.
2 ὁ μένων ἐν ἐμοὶ κἀγὼ ἐν αὐτῷ, οὗτος φέρει καρπὸν πολύν,
3 ὅτι χωρὶς ἐμοῦ οὐ δύνασθε ποιεῖν οὐδέν.
4 ἐὰν μή τις μένῃ ἐν ἐμοί, ἐβλήθη ἔξω ὡς τὸ κλῆμα
5 καὶ ἐξηράνθη, καὶ συνάγουσιν αὐτὰ καὶ εἰς τὸ πῦρ βάλλουσιν, καὶ καίεται.
6 ἐὰν μείνητε ἐν ἐμοὶ καὶ τὰ ῥήματά μου ἐν ὑμῖν μείνῃ,
7 ὃ ἐὰν θέλητε, αἰτήσασθε, καὶ γενήσεται ὑμῖν.
8 ἐν τούτῳ ἐδοξάσθη ὁ πατήρ μου, ἵνα καρπὸν πολὺν φέρητε
9 καὶ γένησθε ἐμοὶ μαθηταί.
10 καθὼς ἠγάπησέν με ὁ πατήρ, κἀγὼ ὑμᾶς ἠγάπησα·
11 μείνατε ἐν τῇ ἀγάπῃ τῇ ἐμῇ.

Joh 15,5-9

1 ἄμπελος / κλῆμα = Weinstock / Rebe

THEORIE — SCHRITT 16: EINES VON ZWEIEN IST DER TOD

Sätze – Typen und Tendenzen (Beispiele, unvollständig)

Hauptsatz	Modus			Wirklichkeits-verständnis
Aussagesätze	Indikativ	λέγει	er sagt	indefinit (real)
		εἶπεν ἄν	er hätte gesagt	irreal
	Optativ	λέγοι ἄν	er könnte (wohl) sagen	potential
Fragesätze	Indikativ	τίς λέγει;	wer sagt … ?	real
	Konjunktiv	τί λέγω;	was soll ich sagen?	dubitativ/deliberativ
	Optativ	τί ἄν λέγοι;	was könnte er sagen?	potential
Befehl	Imperativ	εἰπέ	sprich!	iussiv
	Konjunktiv	μὴ εἴπῃς	sprich nicht!	prohibitiv
		λέγωμεν	lasst uns sagen …	adhortativ
Wunsch	Optativ	εἴθε λέγοι	hoffentlich sagt er …	erfüllbar (cupitiv)
	Indikativ	εἴθε εἶπεν	wenn er doch sagte/ gesagt hätte	unerfüllbar

Gliedsatz	Modus			Wirklichkeits-verständnis
Relativsatz	Indikativ	ὃς ἔρχεται	der da kommt	indefinit (real)
	Konj. + ἄν	ὅστις ἂν ἔρχηται	wer auch immer kommt	eventual
	Optativ	ὅστις ἔλθοι	wer auch immer kam	iterativ, vergangen
	Opt. + ἄν	ὃς ἂν ἔλθοι	der (wohl) kommen dürfte …	potential
Fragesatz	Indikativ	τίς ἔρχεται	…, wer da kommt	indefinit (real)
	Konjunktiv	τί ποιήσω	…, was ich tun soll	deliberativ
	Optativ	τί ποιήσαιμι	…, was ich tun sollte	delib. (obliq.)
	Opt. + ἄν	τίς ἂν οἴοιτο	…, wer wohl meinen könnte	potential
Finalsatz	Konjunktiv	ἵνα ποιῶ	damit ich tue	final
	Optativ	ἵνα ποιοίην	damit ich tat	final (obliq.)
Konsekutivsatz	Indikativ	ὥστε ἔπεσεν	so dass er fiel	tatsächl. Folge
	Infinitiv	ὥστε πίπτειν	so dass … fallen konnte	bloße gedachte Folge

Dazu diverse andere: Temporal-, Kausal-, Konzessivsätze; Konditionalsätze (S. 128).

SCHRITT 16: EINES VON ZWEIEN IST DER TOD — **PRAXIS**

Lesen Sie den Schluss der Erinnerungen Xenophons an seinen Lehrer und Freund Sokrates. Der Text ist nach Sinnabschnitten gegliedert; Sie finden eine Vielzahl von Satztypen und Wirklichkeitsformen, dazu „schwere" Verben bzw. Verbformen und Komparative. Prüfen Sie sich selbst.

1	Εἰ δέ τις,	....
2	ὅτι φάσκοντος αὐτοῦ τὸ δαιμόνιον	....
3	ἑαυτῷ προσημαίνειν, ἅ τε δέοι	....
4	καὶ ἃ μὴ δέοι ποιεῖν,	....
5	ὑπὸ τῶν δικαστῶν κατεγνώσθη θάνατος,	....
6	οἴεται	....
7	αὐτὸν ἐλέγχεσθαι περὶ τοῦ δαιμονίου	....
8	ψευδόμενον, ἐννοησάτω πρῶτον μέν,	....
9	ὅτι οὕτως ἤδη τότε πόρρω τῆς ἡλικίας ἦν,	....
10	ὥστ',	....
11	εἰ καὶ μὴ τότε,	....
12	οὐκ ἂν πολλῷ ὕστερον τελευτῆσαι τὸν βίον·	....
13	εἶτα ὅτι τὸ μὲν ἀχθεινότατόν τε τοῦ βίου καί,	....
14	ἐν ᾧ πάντες τὴν διάνοιαν μειοῦνται,	....
15	ἀπέλιπεν,	....
16	ἀντὶ δὲ τούτου τῆς ψυχῆς τὴν ῥώμην	....
17	ἐπιδειξάμενος εὔκλειαν προσεκτήσατο,	....
18	τήν τε δίκην πάντων ἀνθρώπων	....
19	ἀληθέστατα καὶ ἐλευθεριώτατα … εἰπὼν	....
20	καὶ τὴν κατάγνωσιν τοῦ θανάτου	....
21	πρᾳότατα καὶ ἀνδρωδέστατα ἐνέγκας.	....

Xenophon, Memorabilia 4,8,1

2   Nach ὅτι ist der Gedankengang unterbrochen: Partizip und Beziehungswort im Gen. …?
8   ἐννοησάτω: Was für eine Form? (S. 116)
10 ὥστε: Welches Wirklichkeitsverständnis … ?
11 εἰ καὶ μὴ τότε: Einschub
12 πολλῷ: Dativ des Maßes vor einem Komparativ – „um vieles"
19–21 Adverbien im Superlativ (S. 114)
21 ἐνέγκας statt ἐνεγκών: Wie lauten die StF? Wie ist hier die Form gebildet?

EXAMEN — SCHRITT 16: EINES VON ZWEIEN IST DER TOD

Vergleichen Sie: Wo entspricht die von Platon dokumentierte Rede der Kommentierung durch Xenophon? Schreiben Sie den Ihnen am eindrücklichsten erscheinenden Satz aus Apologie XXIX bis XXXIII unten auf.

1   Ἀνάγκη μὲν γὰρ ἐγένετο αὐτῷ   ....
2   μετὰ τὴν κρίσιν τριάκοντα ἡμέρας βιῶναι   ....
3   διὰ τὸ Δήλια μὲν ἐκείνου τοῦ μηνὸς εἶναι, ...
4   τὸν δὲ νόμον μηδένα ἐᾶν   ....
5   δημοσίᾳ ἀποθνῄσκειν, ...
6   ἕως ἂν ἡ θεωρία ἐκ Δήλου ἐπανέλθῃ, ...
7   καὶ τὸν χρόνον τοῦτον ἅπασι τοῖς συνήθεσι   ....
8   φανερὸς ἐγένετο οὐδὲν ἀλλοιότερον διαβιοὺς   ....
9   ἢ τὸν ἔμπροσθεν χρόνον. ...   .
10 Καὶ πῶς ἄν τις κάλλιον ἢ οὕτως ἀποθάνοι;   ....
11 ἢ ποῖος ἂν εἴη θάνατος καλλίων ἤ, ὃν   ....
12 κάλλιστά τις ἀποθάνοι; ποῖος δ' ἂν γένοιτο   ....
13 θάνατος εὐδαιμονέστερος τοῦ καλλίστου;   ....
14 ἢ ποῖος θεοφιλέστερος τοῦ εὐδαιμονεστάτου;   ....

Xenophon, Memorabilia 4,8,2f.

3 + 4   διὰ τό: Es folgen 2 durch das τό substantivierte A.c.I. („weil es der Fall war, dass ...")
11   ἤ, ὅν: verkürzt; gemeint ist ἢ τοιοῦτος θάνατος, ὃν ...
13   Zur Konstruktion der Vergleiche: Komparativ + ἤ; oder Komparativ + Gen. (S. 72)

....
....
....

Letzte Worte Jesu

Ὁ θεός μου, ὁ θεός μου,
εἰς τί ἐγκατέλιπές με;

Mk 15,34

Πάτερ, εἰς χεῖράς σου
παρατίθεμαι τὸ πνεῦμά μου.

Lk 23,46

Πάτερ, ἄφες αὐτοῖς,
οὐ γὰρ οἴδασιν,
τί ποιοῦσιν.

Lk 23,34

Τετέλεσται.

Joh 19,30

Frequently Asked Questions: das Graecum

Im Mittelpunkt Ihrer mündlichen Prüfung steht ein kurzer Text.
Sie haben Vorbereitungszeit.

Im Prüfungsgespräch

lesen Sie   Es kommt darauf an, Akzente und Spiritus korrekt mitzulesen; Flüssigkeit und sinnerfassende Betonung werden erwartet.

übersetzen Sie   Es gibt verschiedene Abläufe.

     a. Sie haben den Text in der Vorbereitungszeit voll erfasst. Sie tragen ihn im Ganzen vor; anschließend werden Sie befragt.
     b. Sie haben die ersten Sätze in der Vorbereitungszeit fertig übersetzt. Sie tragen sie vor. Für den Rest schildern Sie Ihren Weg und Ihre Überlegungen und entwickeln eine Arbeitsübersetzung.
     c. Sie haben in der Vorbereitungszeit lediglich die unbekannten Vokabeln klären können. Überblick über den Text haben Sie noch nicht. Sie schildern Ihre Überlegungen, erklären Ihre Schwierigkeiten. Der Prüfende stellt Fragen, die Sie auf den Weg bringen sollen. Sie lassen sich helfen und entwickeln eine Arbeitsübersetzung.

antworten Sie   Zum Text werden Fragen gestellt.

     a. Wenn Sie sicher übersetzt haben, kann über den Inhalt, den Autor, den Kontext gesprochen werden. (evtl. weiter wie c)
     b. Wenn Sie syntaktische oder grammatische Unsicherheiten gezeigt haben, wird nachgefragt. Übersetzungsfehler werden aufgegriffen, gemeinsam korrigiert. Die besonderen grammatisch-syntaktischen Phänomene des Textes werden angesprochen, entsprechende Erklärungen, Termini und Regeln erfragt. (evtl. weiter wie c)
     c. Wenn Sie die Übersetzung unvollendet gelassen haben und auch Nachfragen keine Klärung der Formen und Strukturen erbracht haben, kann man Ihnen Aufgaben aus dem Bereich Grammatik und Syntax vorlegen: Deklinieren Sie … Wie lauten die Stammformen von …? So ein Test kann auch nach a. und b. erfolgen, z. B. zur Festigung des Eindrucks, den die Prüfer gewonnen haben.

Beispiele für aus dem Text entwickelte Fragen (b)

Sokrates richtet eine letzte Bitte an seine Richter, seine drei heranwachsenden Söhne ebenso strikt auf das Gutsein hinzuweisen, wie er es bei allen tat.

1 Τοσόνδε μέντοι αὐτῶν δέομαι·
2 τοὺς ὑεῖς μου, ἐπειδὰν ἡβήσωσι, τιμωρήσασθε,
3 ὦ ἄνδρες, ταὐτὰ ταῦτα λυποῦντες, ἅπερ ἐγὼ ὑμᾶς ἐλύπουν,
4 ἐὰν ὑμῖν δοκῶσιν ἢ χρημάτων ἢ ἄλλου του πρότερον ἐπιμελεῖσθαι ἢ ἀρετῆς.
5 καὶ ἐὰν δοκῶσί τι εἶναι μηδὲν ὄντες, ὀνειδίζετε αὐτοῖς, ὥσπερ ἐγὼ ὑμῖν,
6 ὅτι οὐκ ἐπιμελοῦνται, ὧν δεῖ, καὶ οἴονταί τι εἶναι ὄντες οὐδενὸς ἄξιοι.
7 καὶ ἐὰν ταῦτα ποιῆτε, δίκαια πεπονθὼς ἐγὼ ἔσομαι ὑφ᾽ ὑμῶν
8 αὐτός τε καὶ οἱ ὑεῖς.

Platon, Apologie XXXIII (41e-42a)

	Frage	Antwort
1	Konstruktion von δέομαι?	etwas (Akk.) erbitten von jdm. (Gen.)
2	Welche Form ist τιμωρήσασθε?	2. P. Pl. Imperativ Medium vom Aoriststamm
3	ταὐτὰ ταῦτα – Unterschied?	a. τὰ αὐτά, b. ταῦτα = Demonstrativpronomen
4	ἐάν – Konstruktion?	+ Konj.; im Hauptsatz Imp. = Eventualis, speziell
6	ὄντες οὐδενὸς ἄξιοι – Konstr.? Logik?	P. C. mit konzessiver Sinnrichtung: obwohl sie …
7	πεπονθώς – Form? ἔσομαι – Form?	Part. Perf. Aktiv + Futur von εἰμί = ich werde einer sein, dem Recht geschehen ist

Warum spricht Sokrates hier von einer „Strafe" für seine Söhne?

Erläutern Sie seine Bitte aus dem Zusammenhang der Apologie.

Beispiele für aus dem Text entwickelte Fragen (b)

Der Evangelist Johannes definiert: Der Glaube an Christus bewahrt vor dem Gericht.

1   Ὁ πιστεύων εἰς αὐτὸν οὐ κρίνεται·
2   ὁ δὲ μὴ πιστεύων ἤδη κέκριται,
3   ὅτι μὴ πεπίστευκεν εἰς τὸ ὄνομα τοῦ μονογενοῦς υἱοῦ τοῦ θεοῦ.
4   αὕτη δέ ἐστιν ἡ κρίσις, ὅτι τὸ φῶς ἐλήλυθεν εἰς τὸν κόσμον
5   καὶ ἠγάπησαν οἱ ἄνθρωποι μᾶλλον τὸ σκότος ἢ τὸ φῶς·
6   ἦν γὰρ αὐτῶν πονηρὰ τὰ ἔργα.
7   πᾶς γὰρ ὁ φαῦλα πράσσων μισεῖ τὸ φῶς καὶ
8   οὐκ ἔρχεται πρὸς τὸ φῶς,
9   ἵνα μὴ ἐλεγχθῇ τὰ ἔργα αὐτοῦ·
10 ὁ δὲ ποιῶν τὴν ἀλήθειαν ἔρχεται πρὸς τὸ φῶς,
11 ἵνα φανερωθῇ αὐτοῦ τὰ ἔργα, ὅτι ἐν θεῷ ἐστιν εἰργασμένα.

Joh 3,18–21

	Frage	Antwort
1/2	κρίνεται – κέκριται: Warum der Tempuswechsel?	Präsens – Perfekt; betont wird, dass das Urteil über den Ungläubigen schon feststeht.
4	ἐλήλυθεν – StF	ἔρχομαι, εἶμι*, ἦλθον, ἐλήλυθα
5	genaue Übersetzung des Tempus?	Betonung der Ereignishaftigkeit: „aber die Menschen <u>entschieden sich</u>, das Dunkel mehr <u>zu lieben</u> als …"
6/9/11	Kongruenz?	Subjekt im Neutrum Plural bedingt Prädikat im Singular
9	Modus? Funktion?	Konjunktiv, final (nach ἵνα)
11	εἰργασμένα – Form? Sinn?	Perfekt; betont die Beständigkeit

* Futur von ἔρχομαι auch ἐλεύσομαι

Beispiele für Abschlussfragen (c)

- Deklinieren Sie   Σωκράτης   βασιλεύς
                          πόλις   γένος

- Konjugieren Sie   εἰμί + εἶμι

- Nennen Sie die StF   γράφω   βαίνω
                              ποιέω   ὁράω
                              βάλλω   φέρω
                              λέγω

- Welche Funktionen des Konjunktivs, des Optativs, der Moduspartikel ἄν kennen Sie?

- Welche Typen von Bedingungssätzen gibt es?

- Wie behandeln Sie Partizipialkonstruktionen?

Erwartete Antworten

- Deklinieren – Konjugieren – Stammformen aufsagen

- Bei der Frage nach dem Konjunktiv verwenden und erklären Sie folgende Termini: prohibitiv, adhortativ, deliberativ – im Gliedsatz: final, eventual bzw. iterativ (S. 168).

- Bei der Frage nach dem Optativ verwenden und erklären Sie folgende Termini: cupitiv (Wunsch), potential – im Gliedsatz: obliquus – iterativ, vergangen (S. 168).

- Bei ἄν kennen Sie drei Möglichkeiten: ἄν + Ind. mit Augment = irreal; ἄν + Konj. = eventual (auch: iterativ); ἄν + Optativ = potential.

- Bei der Frage nach den Bedingungssätzen nennen Sie folgende Typen und erklären, wie sie konstruiert werden (S. 128): indefinit (auch: real), irreal, eventual generell/speziell, potential.

- Bei der Frage nach den Partizipialkonstruktionen stellen Sie dar: Es gibt verbundene und unverbundene Partizipien (Gen. Abs.); unter den verbundenen gibt es attributive und prädikative (P. C.; A. c. P. – oder seltener: G. c. P. – nach Verben der Wahrnehmung); bei den als P. C. und im Gen. Abs. gebrauchten Partizipien gibt es folgende Sinnrichtungen: temporal, kausal, modal, konzessiv und konditional (+ final beim Part. Futur).

- Aus Partizipialkonstruktionen lassen sich Sätze bilden (Haupt-, Gliedsätze); der Stamm des Partizips (Präsens, Aorist, Perfekt) entscheidet über den Aspekt bzw. beim Partizip Futur über die Zeitstufe.

Kompetente Sprach-Lernbegleiter

V&R

Baseis Extra
Erläuterungen und Lösungen. Apologie: Text und Übersetzung

Illustrationen von Katrin Wolff. Redaktion Martina Steinkühler
2007. 112 Seiten, kartoniert
ISBN 978-3-525-26542-0

Baseis Extra enthält die *Apologie* (griechisch und in deutscher Übersetzung) und bietet Arbeitsübersetzungen der Lesestücke sowie weiterführende Hinweise zur Arbeit mit dem Sprachlehrgang *Baseis*. *Baseis Extra* unterstützt den Lehrgang in idealer Weise bei der Verbindung von formalen, sprachlichen und inhaltlichen Interessen am Altgriechischen. Auch hier ist der vermittelte Stoff reduziert und elementarisiert im Hinblick auf das für das Bestehen der Graecumsprüfung Notwendige.

Jörg-Michael Grassau
Vokabeltrainer 3.0
Hebräisch – Griechisch – Lateinisch
CD-ROM mit Sprachausgabe. Basierend auf den Verzeichnissen von Hans-Peter Stähli, Friedrich Rehkopf, Hans Baumgarten

Mit Smart-Audio-Funktion für MP3-Player
Koproduktion mit dem Verlag R. Brockhaus.
Neuausgabe 2007., DVD-Box
ISBN 978-3-525-26407-2

Die CD basiert auf den im Theologie-Studium vielfach bewährten Vokabularien von Hans-Peter Stähli (Hebräisch-Vokabular. Grundwortschatz, Formen, Formenanalyse. ISBN 978-3-525-52176-2) und Friedrich Rehkopf (Griechisches Lernvokabular zum Neuen Testament. ISBN 978-3-525-52183-0). Abgerundet wird das Trainingsprogramm durch die Aufnahme eines lateinischen Grundwortschatzes, den Hans Baumgarten vorgelegt hat (Compendium Vocabulorum. ISBN 978-3-525-71000-5). Biblische Texte und Vertonungen aller fremdsprachigen und deutschen Vokabeln erleichtern das Selbststudium.

Alle fremdsprachigen und NEU jetzt auch alle deutschen Vokabeln sind vertont. NEU: Es können eigene Vokabel-Hörlektionen für den MP3-Player, iPod oder Audio-CDs erstellt werden! Im Wörterbuch können Vokabeln jederzeit nachgeschlagen und zu eigenen Vokabellisten zusammengestellt werden. Es können auch eigene Vokabeln eingegeben werden. Vorhandene Vertonungen werden dabei automatisch genutzt.

Hebräische und griechische Vokabeln sind nach Thema, Wortart und Häufigkeit strukturiert und mit je ein bis zwei biblischen Beispielversen versehen. Neun Trainingstypen stehen zum Lernen der Vokabeln zur Verfügung, darunter das Trainieren mit Karteikartensystem, Superlearning, Multiple Choice und Kreuzworträtsel. Übungsvarianten ermöglichen jetzt neu gezieltes Trainieren des Hörverstehens. Tutorien teilen den Lernstoff so ein, dass alles rechtzeitig zu einem zu bestimmenden (Prüfungs)termin »sitzt« – schwierige Vokabeln werden automatisch häufiger wiederholt.

Verschiedene Lernsysteme und Tutorsysteme optimieren automatisch den Lernvorgang: Kärtchen, Listen, Tests und Rätsel können ausgedruckt werden, um auch unterwegs Vokabeln zu lernen. Kostenlose Zusatz-Vokabeldateien in 75 verschiedenen Sprachen und Sachgebieten stehen bereit.

Hardwarevoraussetzungen: Pentium PC 600 MHz • 128 MB Arbeitsspeicher (empfohlen 256 MB) • 500 MB freier Festplattenspeicher • XGA-Grafikkarte (1024 x 768 Bildpunkte) • Soundkarte • Kopfhörer/Lautsprecher.

Betriebssystem und Software: Windows 98 SE / ME / 2000 (SP4) / XP (SP2) / Vista • Windows Media Player 8 oder höher.

Bitte beachten Sie: Die Lauffähigkeit unter Windows 7 wird gegenwärtig nur von der Programmversion 5.0 unterstützt.

auch als Download Angebot auf www.v-r.de verfügbar:

Jörg-Michael Grassau
Vokabeltrainer Hebräisch 5.0
ISBN 978-3-647-90010-0
Enthält den bewährten Lernwortschatz von Hans-Peter Stähli.

Vokabeltrainer Griechisch 5.0
ISBN 978-3-647-90011-7
Enthält den bewährten Lernwortschatz von Friedrich Rehkopf.

Vokabeltrainer Lateinisch 5.0
ISBN 978-3-647-90009-4
Enthält den bewährten Lernwortschatz von Hans Baumgarten.

Vandenhoeck & Ruprecht

Der Lehrgang für den spät beginnenden Lateinunterricht

V&R

Litora Texte und Übungen

Lehrgang für den spät beginnenden Lateinunterricht

Von Hubert Müller und Ursula Blank-Sangmeister.
Unter Mitarbeit von Anke und Günter Laser.

2008. 224 Seiten mit zahlr. farbigen Abbildungen, 1 Karte im Text und 1 Karte im Umschlag, gebunden, dazu 48 Seiten Lernvokabeln, gebunden
ISBN 978-3-525-71750-9

Lernvokabeln einzeln
ISBN 978-3-525-71751-6

Litora ist für den Lateinunterricht als dritte oder vierte Fremdsprache, für Latinumskurse an der Universität und alle Formen der Erwachsenenbildung konzipiert. Der Lehrgang führt in 28 Lektionen zur Lektürefähigkeit und vermittelt einen umfassenden Einblick in die antike Welt. Der Grammatikstoff wird durchgängig anhand zusammenhängender Texte dargeboten. Diese behandeln Themen aus dem römischen Leben, der römischen Kultur und Geschichte und aus der griechischen Mythologie, sind in Kunstlatein verfasst, haben aber fast immer antike Vorlagen. Alle grammatischen Phänomene, die für den Lektürebeginn notwendig sind, werden eingeführt. Aufgaben zu Texterschließung, Inhalt, Stilistik, Morphologie, Syntax, Wortschatz sowie Sachtexte und vielfältige Abbildungen komplettieren jede Lektion.

»Das Lehrwerk *Litora* wird den Anforderungen an ein Unterrichtsbuch für den spät beginnenden Lateinunterricht ... in hervorragender Weise gerecht.« Mitteilungsblatt des Landesverbandes Hessen im Deutschen Altphilologenverband (DAV)

Litora Begleitgrammatik

Von Hubert Müller und Ursula Blank-Sangmeister
2009. 184 Seiten, gebunden
ISBN 978-3-525-71752-3

Die Begleitgrammatik bietet, nach Lektionen geordnet, alle Themen der Syntax, der Morphologie und der Stilistik, die in *Litora Texte und Übungen* eingeführt werden. Sie ist in leicht verständlicher Diktion verfasst. Großer Wert wurde auf Übersichtlichkeit und praktische Handhabbarkeit gelegt; dem dienen z.B. zahlreiche Tabellen, Systematisierungen und Zusammenfassungen sowie die verschiedenen Anhänge.

Litora Übungsheft

Von Ursula Blank-Sangmeister und Hubert Müller.
Neudruck 2008. 87 Seiten und 16 Seiten Lösungen, kartoniert
ISBN 978-3-525-71753-0

Das Übungsheft bietet zu jeder Lektion des Unterrichtswerks Litora zusätzliches Arbeitsmaterial: jeweils einen Übersetzungstext sowie Übungen zu Formenlehre, Syntax, Wortschatz und Realien. Die Aufgaben sind unterschiedlich schwierig, sodass das Material auch in binnendifferenzierten Unterrichtsformen eingesetzt werden kann. Der eingelegte Lösungsschlüssel erlaubt das selbstständige Arbeiten mit dem Heft.

Litora audio

Von Ursula Blank-Sangmeister und Hubert Müller.

Hör-CD mit nach pronuntiatus restitutus gelesenen Litora-Texten
Sprecher: Julia Hansen und Michael Jackenkroll.
2005. Hör-CD, ca. 70 Minuten mit 4 Seiten Booklet
ISBN 978-3-525-71755-4

Litora Lehrerband

Von Ursula Blank-Sangmeister und Hubert Müller.

2005. 96 Seiten mit zahlreichen Kopiervorlagen für Klausuren, kartoniert
ISBN 978-3-525-71756-1

Litora in fenestris

Software auf CD-ROM. Einzelplatzversion

Von Volker Ssymank. 2006.
ISBN 978-3-525-71754-7

Litora in fenestris läuft unter Windows 95/98/ME, NT, 2000 und XP und bezieht sich in Vokabular und Grammatik auf das Unterrichtswerk Litora. Die Lernsoftware besteht aus einem Vokabel-, einem Formen- und einem Satzanalysetrainer sowie aus einem Spiel zur KNG-Kongruenz und einem Quiz zur Realienkunde.

Software auf CD-ROM. Netzwerkfähige Version

Von Volker Ssymank. Lizenziert für max. 20 Arbeitsplätze
ISBN 978-3-525-71757-8

Vandenhoeck & Ruprecht